あの天才がなぜ転落

伝説の12人に学ぶ「失敗の本質」

玉手義朗

日経BP社

物語の始まりに――

本書はかつて実在した、十二人の「天才」たちの物語である。

彼らは常人が真似できない劇的な人生を送った。人類の発展に寄与する画期的な発明をしたり、ビジネスで大成功を収めて巨万の富を手にしたり、巨額の寄付をして人々の尊敬を集めたりした。

ところが、その最期は栄光とは対照的なものとなる。ある者は築き上げた財産を失い、ある者は名声を失い、ある者は人々の罵声を浴びながら、人生を終えることになる。

実業家や発明家、相場師に芸術家と職業は様々だが、その名前が知られているのはごくわずかだ。なぜなら、彼らの晩年が不遇であり、人々の記憶から早々に消え去ってしまったためだ。しかし、彼らは一度は脚光を浴びるスターだった。その天才たちは、なぜ転落してしまったのか。

本書は天才たちの「成功の物語」であると同時に、「失敗の物語」でもある。その人生をたどりながら、「失敗の本質」を探るのが本書の目指すところである。

物語は天才たちの最期から始まる。切腹にピストル自殺、失意の中での孤独死と、その結末に唖然とする人もいるだろう。

そこから時間を巻き戻し、天才たちの成功への道のりを追っていく。丁稚奉公から始まって、日本一の商社を築き上げた者がいる。人類を外科手術の激痛から解放した者がいる。お尋ね者として追われる身から成り上がり、フランス中央銀行総裁に君臨した者がいる。幾多の困難を乗り越えて、成功をつかむまでの過程は、実にドラマティックだ。

ところが、頂点に立った次の瞬間、天才たちは奈落の底に突き落とされる。その転落の軌跡は余りに急激で悲劇的でもある。苦境の中でもがき苦しむ天才たち。しかし、懸命の努力が報われることなく、生涯を終えることになってしまったのだ。

ここから天才たちの「失敗の本質」を探るプロセスが始まる。

コーポレートガバナンスの欠如やリスク管理体制の不備、次世代へ経営を引き継ぐ事業承継や特許戦略の欠如など、様々な問題が浮かび上がってくる。金融論や行動経済学などの観点からも、失敗の本質の解明を試みている。

そこから明らかになってくるのは、現代に至るまで、同じ誤りが何度でも繰り返されているという事実だ。過去の蹉跌に学ぶことなく、同じような過ちを犯している人々が多くいることに驚かされる。今日のカリスマは明日の敗残者、そして未来においては忘れ去られた、名もなき人になるのかもしれない。

人は誰でも人生での成功を夢見る。そのために、知識や能力を高め、成功者たちに学ぼうとする。しかし、成功者と同じことをするのは容易ではない。彼らの成功を支えるのは、まさに「天に与えられた才」だ。誰もが持ち合わせるものではなく、真似しようと思っても簡単ではない。ところが、天才たちの失敗に学ぶことは思いのほか簡単だ。転落するとき、さしもの天才も凡人の顔をのぞかせる。似たような局面に出合ったとき、それを真似しなければよいだけだ。そのためには、天才たちの失敗の本質を、深く知ることが必要なのである。

これから始まる十二人の天才たちの物語。最初に語られるのはニコラ・テスラだ。発明王エジソンを打ち負かし、電気自動車開発の最先端を走る「テスラモーターズ」の社名の由来となった天才科学者。ところが、その死は余りに寂しいものだったのである――。

＊文献の引用においては、仮名遣いなどを一部、現代に合わせて改めたところがあります

Chapter 1

「競争戦略」

転落した天才に学ぶ

Case 1

ニコラ・テスラ

エジソンに勝利した天才科学者の哀しい最期

写真：GRANGER.COM／アフロ

❖ホテルの部屋で孤独死

男が暮らしていたホテルのドアには、"Don't Disturb"（起こさないでください）という札が三日間もかけられたままだった。不審に思ったメイドが中に入ってみると、男はベッドで息絶えていた。検死の結果、死亡推定日時は一九四三年一月七日の午後十時半、死因は冠動脈血栓症とされた。

男は自宅を持たず、長年ホテル暮らしを続けてきた。かつてはウォルドーフ・アステリア・ホテルなどの名門ホテルを定宿とし、食事もホテルの高級レストランで取るという贅沢な暮らしをしていた。しかし、晩年は借金を抱えて支払いが滞り、宿泊費の安いホテルに移らざるを得なくなっていた。

男の日課は近くの公園にいるハトのエサやりだった。体調がすぐれないときには、ホテル従業員に「代行」を依頼するほど溺愛していたという。生涯独身で極度の潔癖症、身の回りの世話を他人に委ねることを拒んでいた男にとって、公園にいるハトが唯一心を開くことができる存在だったようだ。

男の名前はニコラ・テスラ（Nikola Tesla）。誰にも看取られることなく八十六年の生涯を閉じた男について、ニューヨーク市長フィオレ・ラガーディアがラジオで弔辞を読み上げた。「質素なホテルの部屋で亡くなったニコラ・テスラは、貧しい中で亡くなったが、彼は人類の進歩に貢献した、史上もっとも成功を収めた人物の一人であった」と。

葬儀にはおよそ二千人が参列、地元紙「ニューヨーク・サン」は、「彼の推測はしばしばぎょっとさせるほど正しかった。おそらく私たちは数百万年後に彼をもっとよく理解することだろう」と、その業績を称えた。

二〇一〇年、テスラの名前はアメリカ大統領バラク・オバマの演説に登場する。

「絶え間ない移民の流入が、今日のアメリカを築いたのはもちろんのことです。アルベルト・アインシュタインの科学革命、ニコラ・テスラの発明、アンドルー・カーネギーのUSスティール、セルゲイ・ブリンのグーグル。…これらはすべて移民の力によって可能になったのです」(二〇一〇年七月一日・ワシントン・アメリカン大学での演説)。クロアチアからの移民であったテスラは、科学の巨人アインシュタインや大富豪カーネギーらとともに、優れた業績を上げた移民の一人として賞賛されたのだった。

テスラが成し遂げた「人類の進歩への貢献」とは何だったのか。テスラは何に失敗したのか。今もなお人々からの尊敬を受けるテスラは、なぜ孤独な死を迎えることになったのだろう。

❖ 発明王に挑んだ天才科学者

ニコラ・テスラは一八五六年七月九日の深夜、クロアチアの小さな村で生まれた。テスラには、幼い頃から特別な能力があった。数式や物の仕組みを考えると、三次元のイメージとなって脳裏に浮かび上がってくるというのだ。「3Dプリンター」を頭の中で作動させているような特殊な能力によって、テスラは直感的に数学の問題を解き、教師を驚嘆させたという。

大変な読書家でもあり、読んだ本は自然に丸暗記してしまうほどの記憶力も発揮したテスラは、語学にも非凡な才能を見せた。母国語のセルボ・クロアチア語に加えて、英語、フランス語、ドイツ語、イタリア語をマスターし、より広範な知識を得ていく。

幼いテスラが強い興味を持ったのが水車だった。五歳のとき、テスラは木製の小さな水車を作り、クルクルと回るその姿に胸を躍らせる。「いつか、ぼくはアメリカに行って、ナイアガラ瀑布を利用して力をつくるんだ」と空想していたテスラ。そのアイデアが実現されるのは三十年後のことだ。

一八七五年、オーストリアのグラーツ工科大学に入学したテスラは、交流モーターの開発に取り組む。当時、ほかに手を出す者がほとんどいなかった研究だ。

電流には直流と交流がある。直流は同じ方向に一定の大きさで電気が流れ、交流では電気の流れる向きや大きさは絶えず変わる。直流の方が直感的に理解しやすく、当時、電源として一般的だった電池は直流だった。そのため、電流といえば直流というのが半ば常識となっていたのだ。トマス・エジソンが発明した白熱電球も直流を使用したものだった。

ところが、直流発電には大きな問題があった。直流は電圧を上げ下げする変圧器の開発が難しく、送電を低電圧で行わざるを得なかった。低電圧の送電はエネルギー損失が大きく、送電できる範囲が発電所から直径三キロメートルほどに限られる。そのため電球などを広く普及させるには、数多くの発電所を建設する必要があったのだ。

一方、交流の場合、電圧の上げ下げを簡単な原理でできることが分かっていた。高圧電流で遠くまで送電し、使用する際に電圧を下げて使うことができた。その結果、送電範囲を大きく広げ、山奥の発電所から都市部に送電することが可能だった。

しかし、交流にも問題があった。電流の流れる方向が絶えず切り替わる特性があることから、交流を電流としてそのまま使えると考える人がほとんどいなかった。そのため、交流モーターをはじめとした機器、部品などの開発が進んでいなかったのだ。

発明王エジソンも、交流モーターをはじめとした交流システムの構築は困難だと考えていた。そのため、送電における交流の優位性を認めながらも、自らが発明した白熱電球とそのための電力供給を、直流システムで構築しようとしていたのである。

ところがテスラは、エジソンですら諦めていた交流モーターを実現する独創的なアイデアを思いついた。「二相交流誘導モーター」と呼ばれるもので、テスラはこれを設計図も描かずに頭の中の「3Dプリンター」で作り上げてしまったのだ。

テスラは交流モーターのアイデアをエジソンに見てもらおうと考え、一八八四年に持ち物を売り払って渡航費用を工面し、アメリカ・ニューヨークのエジソン社に向かった。電気技師として採用されたテスラは、エジソンに交流モーターを提案したものの、完全に無視されてしまう。エジソンは自分ができなかった交流モーターを、ヨーロッパの片田舎から出てきた若造に作れるはずがないと決めつけていたし、その可能性を検討している時間的な余裕もなかった。白熱電球を売るためには、一刻も早い電力供給システムの整備が必要であったため、すでに技術が確立されていた直流システムに固執したのだ。

❖テスラVSエジソン～電流戦争の勃発

エジソンに失望したテスラは、一八八五年にエジソン社を辞めて、自分の会社を設立する。ところが、資金不足からすぐに倒産し、日雇い労働者となったこともあった。悪戦苦闘を続けるテスラに、強力な援軍が現れる。著名な発明家で豊富な資金を持つジョージ・ウエスティングハウスだ。ウエスティングハウスの資金援助を得たテスラは、発電機や変圧器など交流システム全体を一気に開発し、エジソンの直流システムに戦いを挑んだ。電流システムの覇権を争う「電流戦争」が始まったのである。

先行していたのはエジソンの直流システムだ。一八七九年に白熱電灯用の直流発電機を開発したエジソンは、一八八一年にはナイアガラの滝を使った発電所を建設してアーク灯を灯してみせ、パリ万国博覧会では五百個の電球を点灯させて人々を驚かせた。翌年にはロンドンとニューヨークに火力発電所を建設、テスラが交流システムの構築に乗り出した一八八七年には五十七カ所もの発電所を造り、数十万個の電灯を灯すまでになっていた。

しかし、直流システムの根本的な弱点は克服されていなかった。テスラ＝ウエスティングハウス陣営の交流システムは、遠距離送電が可能という優位性を前面に出して、直流システムの牙城を崩し始めた。慌てたのはエジソンだ。交流システムに覇権を奪われれば、直流システムの投資が水の泡となり、ビジネス上の大打撃となる。

エジソンは交流システムに対する、徹底したネガティブキャンペーンを始める。交流システムの最大の特徴は高圧送電にあるため、その危険性を強調しようとしたのだ。エジソンが行ったのは「動物実験」であった。交流システムで一千ボルトの高圧電流を発生させ、生きた犬や猫を人々の目の前で感電死させて、恐怖心を植え付けようとしたのだ。

エスカレートしたエジソンの「動物実験」は、人間にまで及んだ。当時のニューヨーク州では、新しい死刑の実施方法として電気椅子の導入が検討されていた。エジソンはそこで使われる電流を、交流にするように州当局に働きかけたのだ。交流は殺人すら可能であるので、法律で規制すべきだというのである。もちろん、高圧電流であれば、交流であれ直流であれ人を死に至らしめるのだが、あえて交流を採用させることで、その危険性を強調しようとしたのである。

一八九〇年、世界初の電気椅子による死刑執行は、エジソンの要求通りに交流によって行われた。交流は「殺人電流」と呼ばれるようになり、エジソンは人を殺すことを「ウェスティングハウスする」と呼ばせようとまでした。

❖ エジソンを打ち破ったテスラ

過激なネガティブキャンペーンにもかかわらず、交流システムの技術的な優位は揺るがなかった。一八九三年に開催されたシカゴ万国博覧会の電流システム入札で、交流システム陣営が勝利したことで大勢が決した。博覧会のシンボルとなった「光の塔」や「ホワイトシティ」は、眩いばかりの電気照明で照らされ、世界各地から集まった二千七百万人もの人々の目を奪う。シカゴ万国博覧会はテスラの勝利と、「電気の時代」の到来を全世界に示す機会となったのだ。

シカゴ万国博覧会が行われていた一八九三年十月、電流戦争は最終決着を見る。ナイアガラ瀑布を利用した発電所建設で、交流システムが採用されたのだ。「ナイアガラ瀑布で力をつくる」という少年時代の夢を、テスラは見事に実現したのである。

もし、電流戦争でテスラが敗れ、直流システムが採用され続けていたら、現代のように電力が広く使われることはなかったかもしれない。ニューヨーク市長ラガーディアがテスラ追悼メッセージで述べた「人類の進歩への貢献」とは、交流電流システムの開発のことであり、蒸気機関の発明などに比肩するほど重要な貢献だったのである。

テスラは時代の寵児となった。百八十センチの長身、甘いマスクに緩やかにカーブする黒髪を持つ美男子だったテスラは社交界の花形となり、連日のように高級ホテルで開かれるパーティーで、女性たちに囲まれる日々を送った。

交流システムを開発したことで、巨額の特許料を手にすることもできた。科学者・発明家としての大きな名声と今後の研究資金も手にしたテスラ。ヨーロッパの小さな国で生まれ、片道切符でニューヨークに渡ってからおよそ十年、発明王を打ち破ってつかんだ栄光であった。

❖新たな挑戦が招いた蹉跌

交流システム構築という成功を収めたテスラは、休む間もなく新たな分野への挑戦を始めた。高周波電流と電磁波の研究だ。ここでもテスラは、独創的な発想と大規模な実験で、驚異的な成果を生み出す。

テスラはまず、高周波高電圧の電流を自在に発生させるコイルを開発した。「テスラコイル」と呼ばれたこの装置は、百ボルトの電源を使って数十万ボルトを超える放電が可能だった。テスラは発生させた高周波電流を使って、様々な実験を行っていく。

テスラは、水銀やナトリウムなどのガスを入れたガラス管に高周波電流を通すことで、水銀灯やナトリウム灯、ネオンサインや蛍光灯の根本原理を発見した。また、高周波高圧電流に加熱効果があることを発見し、疼痛やけいれんを緩和する透熱療法（ジアテルミー）や、熱に弱いがん細胞を消滅させるための温熱療法（ハイパーサーミア）などの根本原理も発見した。また、高周波電流には金属を暖める効果があることも発見、これを利用したのが「ＩＨクッキングヒーター」だ

多岐に及ぶ画期的な発明や発見、アイデアを生み出していたテスラだが、これらをすぐに実用化しようとは考えなかった。これらはあくまでも副次的なもので、テスラが最も力を入れていたのが高周波電流を使った無線通信技術であった。

当時、電線を使った有線通信は実用化されていた。しかし、電線を敷設する手間とコストが膨大で、山間部などのへき地や海で隔てられた場所への整備は容易ではなかった。もし、無線通信が開発されれば、世界中のあらゆる場所が瞬時に結ばれ、情報通信の世界に革命的変化をもたらす。ビジネスチャンスとしても極めて大きいことから、世界中で激しい開発競争が展開されていたが、その最先端を走っていたのがテスラだったのだ。

一八九八年、ニューヨークで開催されていた電気博覧会の会場で、テスラは無線操縦ボートのデモンストレーションを行った。会場のマディソン・スクエア・ガーデンに設置された大きな水槽に浮かべられたボートには、無線電波の受信機とアンテナ、そしてモーター

などが装備された。テスラが指令電波を送ると、ボートは水槽内を縦横無尽に走り回り、観客を熱狂させたのであった。

無線通信技術の最先端を走っていたテスラに、強力な援軍が現れた。大投資家J・P・モルガンだ。無線通信の開発に成功して特許を取得できれば、全世界から莫大な利益が転がり込んでくると考えたモルガンは、テスラの天才に投資したのだった。

❖ テスラの暴走

順風満帆に見えたテスラだったが、勢い余ってコースを外れてしまう。目標を無線通信から、更に進んだ無線送電に切り替えてしまったのだ。無線送電が可能になれば、送電コストは劇的に下がり、どんな場所でも電気が使えるようになる。また、無線送電の技術が確立できれば無線通信も可能となり、ラジオ放送やファクシミリまで実現できるとテスラは考えた。この無線技術を「世界システム」と名付けたテスラは、ニューヨーク近郊のロングアイランドの海岸に高さ六十メートルの巨大なキノコのような電波塔を建設、ここから強力な電磁波を発生させて、イギリスに建設した受信施設に電気を送るという壮大な計画を立てたのだった。

これが挫折の始まりとなった。一九〇四年十二月十二日、イタリアの通信技師グリエルモ・マルコーニが大西洋を横断する世界初の無線通信に成功する。わずか一文字の「S」というモールス信号は、イタリアから遠く海を隔てたカナダへと送り届けられた。電波は水平線を越えて届けることはできないという常識を覆す「大発明」であった。

マルコーニはこの成功をきっかけに、世界初の無線電信会社を設立し、関連する特許を次々に押さえ、巨大な独占企業へと発展させていった。一九〇九年にはノーベル賞も受賞、マルコーニは富と名誉を一身に集める存在となった。

マルコーニの成功は、無線通信開発のトップランナーを自負していたテスラの自尊心を深く傷つけた。マルコーニの無線通信技術は、既存の様々な技術や装置を巧みに組み合わせたもので、その中にはテスラの特許が十七も使われていた。テスラはマルコーニを特許権侵害で訴えた。裁判は長期化し、アメリカの最高裁判所がテスラ勝訴の判決を出したのは一九四三年六月、マルコーニの成功から四十年近くが経過していた。テスラはその半年前に世を去っており、その「勝利」が注目を浴びることも、歴史が塗り替えられることもなかったのだ。

しかし、マルコーニが無線通信実験に成功したことによる最大の影響は、テスラの世界システム事業を頓挫させたことだった。テスラに資金を援助してきたモルガンは、事業の将来性に疑念を抱く。マルコーニは小さな発信機と受信機で無線通信に成功させているのに、テスラは巨大な電波塔を建てるなど非効率な開発を続けているとして、支援の打ち切りを通告する。

「最終的に百倍の利益をあげる偉大な資産の発展にご支援をいただけませんか」と、支援継続を懇願するテスラ。これに対して冷徹な投資家だったモルガンは、「残念ですが以前あなたにお話ししていた以上の金額を前払いするつもりはないということです」と突き放す。

モルガンの援助を失ったことで、世界システム事業はたちまち資金不足に陥る。あと少しの資金さえあれば、世界システムを完成できると、テスラは他の投資家たちを巡って支援を要請した。しかし、あまりに壮大で現実味に乏しく、モルガンですら見限った事業に、資金を出そうという投資家は見つからなかった。

一九〇六年五月、テスラは建設途上にあった研究施設を閉鎖する。最後の日の夜、テスラは完成していた装置を使って、巨大なアンテナ塔から電波を発射した。眩い光はアンテナ塔のあったロングアイランド湾を越えて対岸のコネチカット海岸にまで届き、付近の住民たちを驚かせたという。テスラの無念の思いが込められた最後のせん光であった。

世界システム事業の失敗以降、テスラは迷走を始める。「殺人光線」や「人工地震発生機」といった荒唐無稽なアイデアを発表するテスラには、「マッドサイエンティスト」というレッテルが張られてしまう。

金銭面での苦境も深刻さを増していった。世界システム事業の失敗で大きな借金を抱え、少額の税金の支払いもできずに裁判所に召喚され、長年住み慣れていたニューヨークの高級ホテルも、宿泊費の滞納で追い出された。

生涯独身で友人も少なかったテスラの心を慰めてくれたのが公園のハトだった。一九三七年、八十一歳になっていたテスラは、ハトにエサをやりに行くために、夜のニューヨークの町に出て、タクシーにはねられてしまう。あばら骨三本を骨折する大けがだった。この事故の後遺症に加えて持病の心臓病も悪化、テスラの体力は急速に低下していく。

一九四三年一月七日、テスラはニューヨークの質素なホテルの一室で生涯を終えた。

エジソンに勝利して栄光をつかんだ天才科学者は、失意と孤独の中で生涯を終えたのであった。

失敗の本質

ドラッカーも説いた「ベンチャービジネスの鉄則」

あふれるほどのアイデアを持ち、電流システムの覇権を握ったテスラは、なぜ一文無しで、最期を迎えることになってしまったのか。

優れた技術やアイデアを事業化しようという試みは、現代のベンチャービジネスであり、テスラはこれに失敗した起業家と考えることができる。テスラにはベンチャービジネスを成功させるノウハウが足りなかったのだ。

失敗の本質 ① 資金調達を担うパートナーの不在

経営学の大家P・F・ドラッカーは、ベンチャービジネスが成功するための条件を、その著書『イノベーションと企業家精神』の中で示している。

ベンチャービジネスにとって、「資金計画はまさに死活問題である」とした上で、創業者が資金調達を含めた経営の全てを一人で行うのは危険だと、ドラッカーは指摘する。

「人と資金を自分でマネジメントしようとする。だが、得意ではないためにいずれもうまくいかない。意思決定や行動に時間がかかる。そのため時間がなくなり、得意とする肝心の新製品や新技術の開発がなおざりになる。三年後には、必要な製品もなく、人や資金のマネジメントもない抜け殻となる」というのだ。テスラもこの過ちを犯してしまったのではないだろうか。

ドラッカーは創業者のワンマンではなく、マネジメントチームを持つ必要性を強調する。「創業者は、付き人をもつスターではなく、チームのリーダーになることを学ばなければならない」というのだ。ドラッカーはその実践者として本田技研工業（ホンダ）創業者の本田宗一郎と、自動車王ヘンリー・フォードの名前を挙げている。

「これは、第二次世界大戦の敗戦後という暗澹たる日本において、本田宗一郎が本田技研工業というベンチャーを始めるにあたって行ったことだった。彼は、マネジメント、財務、マーケティング、販売、人事をパートナーとして引き受けてくれる者が現れるまで事業を本格化しなかった。彼自身はエンジニアリングと製造以外は何もやらないことにしていた。この決心が、やがてホンダを成功に導いた。

ここに、ヘンリー・フォードという、さらに昔のさらに教えられる例がある。フォードは一九〇三年に事業を始めるとき、ちょうど四五年後の本田と同じ決心をした。彼は苦手なマネジメント、財務、マーケティング、販売、人事を引き受けてくれるパートナーを見つけてからベンチャーを始めた。フォードも本田と同じように自分がエンジニアリングと製造の人間であることを自覚しており、自らの役割をこの二つの分野に限定した」と指摘しているのである。

本田もフォードも自分が不得手な分野について、信頼できるパートナーを揃えてから事業を開始した。ところが、テスラには心から頼れるパートナーがいなかった。テスラは独創的なアイデアとこれを実現できる能力を持つ「スター」ではあったが、極度の潔癖症であることも災いして、ビジネス上の友人や協力者は少なかったのだ。

テスラがエジソンとの電流戦争に勝利できたのは、支援したウェスティングハウスが綿密な資金計画を作り、事業の進め方にも的確なアドバイスをしていたおかげだった。

しかし、世界システムを援助していたモルガンは、金は出すが口は出さないタイプの投資家で、テスラの暴走を止めることはしなかった。世界システムの構築に際しても、ウェスティングハウスのような、面倒見のよい協力者がいれば、テスラは失敗せずにすんだのではないだろうか。

グーグル創業者の一人であるラリー・ペイジはこんなことを語っている。「テスラは素晴らしい発明家だったが、資金を確保できなかったために、すべてのアイデアを実現することはできなかった。もし、彼が失敗していなかったら、いま頃は大陸を横断する無線電力網が完成していただろう」と。

世界システム事業に取り組んでいたテスラは、マネジメントチームを作ることなく、研究開発から資金調達に至るまで、自分一人でこなそうとした。その結果、ベンチャービジネスの生命線である資金調達に失敗してしまったのである。

失敗の本質② 壮大すぎた構想

ドラッカーは壮大すぎる構想も禁物だとしている。

ドラッカーは「最初からトップの座をねらわない限り、イノベーションとはなりえず自立した事業ともなりえない」とする一方で、「イノベーションに成功するには小さくスタートしなければならない。大がかりであってはならない」「大がかりな構想、産業に革命を起こそうとする計画はうまくいかない」と指摘する。そうでないと「調整や変更のための時間的な余裕がなくなる。イノベーションが最初の段階からほぼ正しいという程度以上のものであることは稀である。変更がきくのは規模が小さく人材や資金が少ないときだけである」というのだ。

テスラの世界システムは、極めて「大がかりな構想」だった。高度な技術を多く要する無線送電と無線通信を一度に実現しようとしたため、莫大な資金と人手が必要となり、軌道修正をすることが困難となった。最初からトップを狙ったテスラは、あまりに大きなスタートを切ったために、頓挫してしまった。これがテスラのもう一つの失敗の本質だったのだ。

もし、テスラがドラッカーに相談していたなら、綿密な資金計画を立てるパートナーを迎え入れろ、そして、いきなり世界システムの構築に乗り出すのではなく、まずは無線通信(これも十分に大がかりではあるが…)の実現に絞れと、助言されていたのではないだろうか。

実際のところ、テスラは無線通信の技術で最先端を走っていて、事実上マルコーニよりも先に成功していたとすら考えられる。しかし、世界システムという壮大な構想に邁進していたテスラは、無線通信という大成功を通りすぎてしまったのだ。

その点から見れば、テスラのライバルだったエジソンは徹底した事業家であった。エジソンが生み出したのは、実用に適する発明であり、即座に事業に結びつくものであった。そして、その権益を守るために徹底した特許戦略を展開している。

映画撮影機などの特許を取得していたエジソンは、使用料を支払わない映画制作者を見つけ出すと、スタジオに乗り込んで機材を破壊するほどであった。執拗な取り立てに嫌気がさした一部の映画制作者は、エジソンの目を逃れるために西海岸へ向かった。彼らが新たに映画制作を始めたのが、当時は未開の地であったロサンゼルスのハリウッドだったのである。

エジソンが「事業家」であったとすれば、テスラは本質的には「科学者」であった。もしテスラが、大学や研究機関で真実の探求だけを行っていたら、輝かしい名誉を得ることができただろう。実際にテスラは、ノーベル物理学賞の候補になっていたが、エジソンと同じく受賞には至らなかった。

科学者は研究成果を実用化することには関心を示さない場合が多い。ところがテスラは、発見した真実に具体的な形を与える事業家にもなろうとした。二兎を追う者は一兎をも得ず。天才科学者はビジネスの世界に迷い込み、いつの間にかベンチャービジネスのセオリーを外れるような無謀な挑戦をした。この結果、テスラは科学者としての成果にふさわしい名声も得られず、事業家として財産も得ることなく、孤独な最期を迎えることになったのだ。

❖ 未来は私のものだ

テスラと直接会った数少ない日本人の一人が、物理学者の木村駿吉だ。一九〇二年に日本海軍の命を受けて、無線通信技術の視察のために赴いたニューヨークで、テスラの実験施設を訪ねている。当時のテスラは世界システムによる無線送電の実現に挑んでいる最中で、それに比べれば、マルコーニの無線通信など取るに足らないと豪語していたという。

テスラと出会った後に帰国した木村は、無線通信の開発に心血を注ぎ、「三六式無線機」という日本独自の無線機を開発する。これが使われたのがロシアとの日本海海戦だった。バルチック艦隊発見の一報「敵艦見ユ」は、この三六式無線機から発せられたものだったのだ。

テスラが挑んだ無線による電力供給システムは、二十一世紀になってようやくスマートフォンのワイヤレス充電として実現されつつある。その方法はテスラが考えたものとは異なるというが、百年以上も前にこうしたアイデアが存在していたことに改めて驚かされる。

天才科学者テスラは、今も多くの人々の信奉を集めている。電気自動車開発の最先端を走る「テスラモーターズ」の社名は、テスラにちなんで付けられたものだ。最高経営責任者

（CEO）のイーロン・マスクがテスラの信奉者であり、テスラが発明した技術が自社の電気自動車に搭載されているからだという。

テスラが生涯を終えたニューヨークのホテルは現在も営業を続け、テスラが使っていた部屋に宿泊することも可能だ。「テスラルーム」として写真などが飾られ、信奉者たちの聖地となっている。

「現在は彼らのものだが、わたしが心血を注いだ未来はわたしのものだ」と語ったテスラ。

その言葉通り、テスラの独創的なアイデアは、二十一世紀という「未来」で輝き続けているのである。

Case 2

ホレス・ウェルズ

麻酔の発見者が詐欺師と歩んだ悲惨な末路

出典：U.S. National Library of Medicine

❖自ら大動脈を切った最期

一八四八年一月二十四日、男はカミソリで足の大動脈を切って自殺した。場所はニューヨークの刑務所。通行人に硫酸を浴びせたとして逮捕・収監されていたのだ。

男の名前はホレス・ウェルズ（Horace Wells）。三十三歳の若さで自ら命を絶ったウェルズこそ、人類を痛みから解放し、医学に革命的な進歩をもたらした人物だ。ウェルズは「麻酔の発見者」だったのである。

麻酔が発見されるまで、外科の手術室は阿鼻叫喚の現場だった。患者を手術台に縛りつけ、意識のある状態でメスを入れたり、ノコギリで手足を切断したりした。激しい痛みに絶叫し、手術を受けるくらいなら死んだ方がましと、逃亡を試みる患者が続出した。外科医も落ち着いて手術することなどできず、手術の技術も精度もなかなか向上しなかった。

こうした状況を劇的に変えたのが麻酔の確立だ。麻酔をかけることで、患者は痛みに苦しむことなく手術を受けられるようになった。患者を安定した状態に保ち、十分な時間がかけられることで、外科の医療技術は飛躍的な進歩を見せる。

医学に革命を起こしたウェルズは、大きな賛辞を受けて当然だったが、現実は全く異なっていた。ウェルズの死を伝えた新聞には、自殺の少し前に会った記者の印象が記されている。「(筆者注:ウェルズは)彼の発見に関する医学会の紳士たちのふるまいに、非常に苦しめられていると洩らしており、重い憂鬱に陥っているという印象を受けた」というのだ。

ウェルズを追い詰めたのは、ウィリアム・モートンという男だった。この男の策略によって、ウェルズは名誉も仕事も失い、悲惨な死を遂げることになる。

ところが、モートン自身も不遇の最期を遂げた。「ボストンのW・T・G・モートン教授。百十丁目と六番街の角で意識不明のところを発見され、聖ルカ病院に運ばれる途中で死亡」とその死を伝えたのはニューヨーク・ポスト。一八六八年七月十五日、モートンも四十八歳でこの世を去った。「この（筆者注：麻酔の）発見者が、健康をそこない、事業は破綻し、財産は失い、借金に悩まされていることを思うと、『何もしない』のは『犯罪』とさえ思える」と、晩年のモートンを知る人物は、その境遇に深く同情した文章を雑誌に投稿している。

麻酔の発見者はウェルズではなかったのか。モートンはウェルズに、どんな策略を仕掛けたのか。麻酔を発見したという二人の男は、なぜ二人揃って哀しい最期を迎えることになってしまったのだろう。

❖人類が痛みから解放された日

ホレス・ウェルズは一八一五年一月二十一日、アメリカのバーモント州ハートフォードの裕福な大地主の家庭に生まれた。ボストンで歯科医師としての修業を積み、生まれ故郷で歯科医を開業したのは二十一歳のとき。真面目で研究熱心なウェルズは、義歯の製法で独自の技術を編み出すなど、常に患者のことを考える歯科医として評判になっていた。

そんなウェルズが更に大きなチャンスを掴んだのは、一八四四年十二月のことだった。ウェルズは近所で開かれた「亜酸化窒素吸入効果の大実演会」というイベントを見物に出かけた。「笑気ガス」とも呼ばれる亜酸化窒素を吸うと、人が暴れたり踊り出したりすることが知られていた。ウェルズが見物した実演会とは、観客の中から希望者を募って舞台に上げ、亜酸化窒素を吸わせて、その滑稽な振る舞いを面白がるというものだった。

亜酸化窒素を吸ったウェルズが正気に戻ったとき、一緒に舞台に上がった知人が足から血を流していることに気づいた。その知人は舞台上で暴れ回り、椅子に足をぶつけていた。しかし、ウェルズが「けがをしているみたいだよ」と指摘するまで、彼は気づかなかった。このとき、ウェルズは閃いた。亜酸化窒素を使えば、痛みなく虫歯を抜けるのではないかと。

翌日、ウェルズは自らが実験台になる。亜酸化窒素を吸入した上で、仲間の歯科医に親知らずを抜いてもらったのだ。目を覚ましたウェルズは、親知らずがあった場所に、隙間ができていることを感じた。ウェルズは叫んだ。「これは大発見だ。ピンが刺さったほどの痛みも感じなかったぞ!」と。人類が待ち望んでいた麻酔が発見された瞬間であった。

ウェルズはすぐさま自身の歯科医院で亜酸化窒素を使い始めた。「痛みのない歯科医」という評判が広がり患者が殺到する。ウェルズは仲間の歯科医にその方法を伝授する一方で、その効果を広げるための公開実技を計画する。場所はボストンのマサチューセッツ総合病院、医学の最先端を走るハーバード・メディカル・スクールの関連病院だった。

一八四五年一月、ウェルズは麻酔の公開実技に挑んだ。

「外科手術の痛みを感じなくさせる方法を知っているとおっしゃるこの紳士から、あなた方にお話があるそうです」。集まった多くの医学者や医学生を前に、病院の外科部長J・C・ウォレンがウェルズを紹介する。

誰もが懐疑的な目を向ける中、ウェルズは患者役となった学生に亜酸化窒素を吸入させた上で抜歯を始めた。最初は静かに眠っていた患者役の学生だが、しばらくすると、うめき声のような声を出し始める。ボストンで調達した亜酸化窒素の濃度が、ふだん使っているものよりも低く、効き目が弱かったのだ。

固唾をのんで抜歯を見守っていた人々はざわつき始め、やがて「ペテン師！」という罵声をウェルズに浴びせかけた。

世界初となるはずだった麻酔の公開実技は失敗し、ウェルズは逃げるようにその場を立ち去った。麻酔を発見してから二カ月弱で実施例も十数回だけ、あまりに拙速な公開実技だったのだ。

しかし、ウェルズは決してペテン師などではない。それを誰よりも知っていたのが、公開実技を手伝っていた弟子のモートンだった。このモートンこそ、本物のペテン師だったのである。

❖ 盗まれた世紀の発見

ウィリアム・トマス・グリーン・モートンは、一八一九年八月九日にマサチューセッツ州チャールトンに生まれた。モートンは筋金入りの詐欺師で、全米各地を転々とする中で、金を使い込んだり、不正経理に手を染めたり、小切手を偽造したりと、数多くの悪行を繰り返していた。

二十一歳になったモートンは、生まれ故郷のチャールトンに戻ってきた。そのとき、偶然にも歯科の巡回診療に訪れたウェルズに出会う。モートンはそれまでの悪行を改め、歯科医になるべくウェルズの下で修業を始めたのだった。

人生を立て直したかに見えたモートンだったが、ウェルズが麻酔の公開実技に失敗するのを見たとき「詐欺師の顔」が蘇る。世紀の大発見を盗み取ろうと考えたモートンは、ウェルズから麻酔の詳細を聞き出す。そしてウェルズの失敗から一年後、同じマサチューセッツ総合病院で公開実技を計画するのだ。

しかし、ウェルズと同じ亜酸化窒素を使うと、信用されない上に、成功しても盗用が疑われる。そこでモートンは知人で化学者のチャールズ・ジャクソンに相談し、亜酸化窒素と同様の効果を持つと考えられたエーテルを使用することにした。

一八四六年十月十六日、今度はモートンによる麻酔の公開実技が行われた。患者役となったのは首に腫瘍を持っていた男性で、メスを握るのはウェルズの公開実技で案内役を務めた病院の外科部長ウォレンだった。

アメリカ外科医学界の大物であったウォレンが、どこの馬の骨とも分からない若者の公開実技にかかわることに反対する声もあった。失敗すればその名声に傷がつくというわけだが、ウォレンは進んで協力を申し出た。「長く苦痛に満ちた手術のむごたらしさを目にして、胸の痛みを感じない外科医がどこにいるだろうか。あのころ、自分の手で患者に与えている苦痛をやわらげる手段があると聞いて、胸を躍らせない外科医がいったいどこにいただろうか！」と。

モートンがエーテルを吸入させると、患者は三、四分後には意識を失った。「患者の準備はできております」と、執刀医のウォレンに告げるモートン。「ただちに首の皮膚を三インチにわたって切開し、重要な神経と血管のあいだの腫瘍を切除しにかかった。しかし、患者には何の苦痛のしるしも見られなかった」と、ウォレンは書き記している。

麻酔の公開実技は大成功、「これはペテンではありません」とウォレンは静かに宣言した。居合わせた医学関係者は驚愕し、画期的だと拍手喝采を送った。後に「エーテル・デイ」と呼ばれるこの日は、人類が外科手術の痛みから解放された記念日となるのである。

❖ 麻酔で狙った大儲け

麻酔発見のニュースは瞬く間に医学界を駆け巡った。雑誌「サイエンティフィック・アメリカン」は、「非常に困難または苦痛の大きい外科手術が、これによって支障なくおこなえるようになるかもしれない」とモートンの成功を紹介、イギリスの著名な外科医がエーテルを使った足の手術を行い、「諸君、ヤンキーのこの妙手は、催眠術を完全に打ち負かしました！」と絶賛するなど、アメリカ国外にも広がりを見せる。

麻酔（anesthesia）の名付け親は、アメリカの医者で作家でもあったオリバー・ウエンデル・ホームズ。「感覚麻痺」という意味のギリシャ語に由来するもので、これを使ってはどうかとモートンに提案したのだ。

ところが、医者たちは麻酔を思うように使うことができなかった。モートンはエーテルの使用量や濃度など、麻酔の具体的な方法を一切公開せず、自分の歯科診療所だけで使おうとした。モートンの目標は金儲け、医学の進歩や患者を手術の激痛から解放することなどは二の次だったのである。

麻酔から得られる利益を独占するために、モートンは公開実技からわずか十一日後の十月二十七日に麻酔の特許を申請し、翌月十二日には認められていた。

これによって、公開実技を執刀したウォレンですら、麻酔を利用することができなくなってしまう。

モートンの許可なく、エーテルを使って麻酔を行えば特許権侵害になるが、使用料を支払うことにも強い抵抗感があった。麻酔の特許申請を行ったモートンに対して、医学界からは抗議の声が上がっていた。病気を治したり、苦痛を和らげたりする薬があるなら、全ての医師が自由に使えるのが当然であり、特許を取得するのは医学の倫理に反する行為だというのだ。こうした中で自分が使用料を支払えば、モートンの行為を認めることになる。

そこでウォレンはモートンに麻酔のやり方を公開するように求める手紙を書いた。

「外科手術に際して患者の苦痛を緩和する手段を、小生は切に求めております。貴兄が使用しておられる器具および製剤について具体的なご説明をいただけるならば、あるいは当病院のためにこの器具をお譲りいただけるならば、人類にとって真の福音となるでしょう。小生としても感謝に堪えません。貴兄の友にして忠実なしもべ、J・C・ウォレン」

外科医学界の権威であり、公開実技の執刀まで買って出たウォレンの懇願にも、モートンは聞く耳を持たなかった。引き下がるしかないと、ウォレンは麻酔の使用を見合わせる決断を下したのである。

一方、モートンは、麻酔がもたらすであろう膨大な富に心を躍らせていた。麻酔は人類が待ち望んでいた大発見であり、特許料を支払ってでも使おうとする人々が続出するはずだ。特許権の有効期限は十四年間で、その間に得られる特許権の使用料は三十六万五千ドル（現在価値で約七百万ドル）に上ると計算した。モートンは麻酔の吸引器具も合わせて販売しようとした。ウェルズから盗み取った麻酔で、モートンは大金持ちになろうとしていたのである。

❖麻酔発見がもたらした悲劇

麻酔の特許で大儲けを企んだモートンだったが、その思惑は完全に外れてしまう。麻酔は患者にエーテルを吸わせるだけという極めて単純なもの。エーテルは空気や水のように、地球上に幾らでも存在する「ただ同然」のものだった。

そこでモートンは麻酔の詳細を明かさず、「リーセオン」という謎めいた名前を付けて売り出した。ギリシャ神話に登場する痛みを忘れさせる川「レテ」からとったもので、オレンジ香料を混ぜることで、中身がエーテルだけではなく、他の薬剤も加えた独自に開発されたものだと思わせようとしたのだ。

しかし、その正体はすぐに明らかになり、麻酔は特許に値しないという議論が広がる。モートンは本格的な医学を学んだ人間ではなく、偶然にエーテルの持つ特性に気づいただけ。特許を認めたこと自体が誤りであるとして、リーセオンを購入せずに、エーテルを使った麻酔を行う医者が続出したのだ。

モートンに特許を与えた政府ですら、公然と無視し始める。当時のアメリカはメキシコ戦争の最中で、モートンは政府にリーセオンの購入を持ちかけていた。ところが、中身がエーテルであると分かると、政府は特許を無視して勝手に戦場で使い始めてしまう。

法律上は特許権が成立していることから、特許権侵害で裁判を起こすことも可能だった。しかし、その対象が膨大であり、政府すら無視している状況では勝ち目はない。モートンの麻酔の特許は有名無実化してしまったのだ。

これによってモートンは経済的な苦境に追い込まれる。大量の注文が来ると想定して発注していたリーセオンと吸入器具が不良在庫となった。また、リーセオンの販売に集中するために歯科医を廃業し、経営していた義歯工場も閉鎖していたため、収入の道も閉ざされた。借金が膨らみ続け、生活が困窮したモートンは、政府に十万ドルの報奨金を要求する。特許権を踏みにじったことに対する損害賠償請求のつもりだったのだろう。しかし、議会での審議は二転三転し、結論がなかなか出ないまま、時間だけが経過していった。

こうした中、誰が麻酔の発見者であるかについても激しい論争が展開された。ウェルズが発見した亜酸化窒素を使った麻酔を、エーテルに変えて特許を取得したのがモートンだった。このモートンに対し、自分が発見者だと言い出したのがチャールズ・ジャクソン、モートンから亜酸化窒素に代わる薬剤を尋ねられ、エーテルを使うように提案した人物だ。

この論争に本当の本当の発見者であるウェルズも参戦する。人の良いウェルズは、特許料などの金銭面の要求はせずに、発見者としての名誉のみを求めた。この三人に加えて、「私は以前から知っていた！」という人が次々に名乗りを上げ始めていた。麻酔を巡る金と名誉の争いは泥沼化し、二十年たっても収束する様子はみられなかった。

❖「発見者」たちの悲しい最期

麻酔を巡る争いが延々と続けられる中、経済的に追い詰められたモートンは精神的にも不安定となり、言動がおかしくなり始める。一八六八年七月十五日の夜、妻とともに宿泊していたホテルを出たモートンは、突然馬車を降りると公園の池に飛び込んだ。近くにいた警官らに助け上げられたものの、病院に運ばれる馬車の中で息を引き取った。

モートンの検死を行った病院の医師は、集まってきた医学生の前でこう言った。「学生諸君、ここに横たわっているのは、かつてこの世に生をうけたどんな人間より、人類を苦痛から救うために大きな功績のあった人物だ」と。麻酔の公開実技成功から二十二年、四十八歳の生涯であった。

自分が麻酔の発明者だとして、モートンらと争いを続けていたジャクソンの最期も悲しいものだった。長引く争いの中でアルコール依存症に陥り、モートンの墓の前で叫び声を上げる姿が目撃されるようになる。一八七三年、突然倒れて意識を失ったジャクソンは、目を覚ました後も意味不明の言葉を発するようになり、身の回りのことができなくなった。ボストンの精神病院に入院したジャクソンは、七年間の入院生活を送った後の一八八〇年に生涯を閉じた。ジャクソンが人生の最期の日々を過ごした精神病院は、ウェルズとモートンが麻酔の公開実技を行った、マサチューセッツ総合病院の関連施設であった。

しかし、最も早く最も悲惨な最期を遂げたのはウェルズであった。

麻酔を巡る争いに疲れたウェルズは歯科医を廃業、自らが発明した「手動ポンプシャワー」を売り出したり、複製画を額に入れて本物に見せかけて売ろうとしたりと、怪しげなビジネスに手を出して失敗を重ねていく。

一八四八年、ウェルズは心機一転、ニューヨークにやってきた。一度は辞めた歯科医の仕事を、エーテルの代わりにクロロホルムを麻酔に使うことで再開しようと考えたのだ。

ウェルズは新聞広告で、麻酔を発見したのは自分であり、これまで誰一人として体調を崩した人はいないとした上で、「その感覚はきわめて愉快なものです」と結んでいる。

なぜ、「愉快」なのか…。クロロホルムは幻覚を引き起こす薬物であり、依存性が強く、最悪の場合には死に至る。亜酸化窒素のときと同様に、自らが実験台となってクロロホルムの効果を試す日々を送るうちに、ウェルズは中毒になってしまったのだ。

一八四八年一月、ウェルズはニューヨークの警察署の中にいた。娼婦に硫酸を次々にかけたとして逮捕・収監されていたのだ。前夜に実験のためにクロロホルムを大量に吸引したことまでは覚えていたのだが、その先のことは覚えていなかった。

正気を取り戻したウェルズは、自らが犯した罪に愕然となった。有罪となるのは確実であり、恥知らずの犯行は、麻酔の発明者としての名誉を台無しにし、妻や知人たちを深く傷つけることにもなる。

ウェルズは獄中で、事の顛末を記した手記を書いている。「私のせいで、身内の者がみなどれだけ苦しむことになるのだろう。さらにつらいのは、重要な発見にかかわった者として、私の名が科学の世界ではよく知られていることだ」と、絶望的な胸の内を吐露する。

翌朝、独房で死んでいるウェルズが発見された。秘かに持ち込んでいたかみそりで、左足の動脈を切り裂いたのだ。傷口は十五センチもあり、骨に達するほど深かったという。「麻酔の発見」からわずか三年後のことだった。

失敗の本質

特許戦略を誤ったウェルズとモートン

麻酔という世紀の発見をしたものの、全く報われなかったウェルズ。そのウェルズから麻酔を盗み出し、特許まで取得したにもかかわらず、目的の金儲けに失敗したモートン。

彼らは一体どうすれば良かったのだろうか。

失敗の本質①「特許＝金儲け」という誤解

ウェルズは自身が発見した麻酔を独占するつもりもなく、それによって金儲けをしようとも考えていなかった。患者を痛みから解放したいという純粋な思いがあり、医学の歴史に自らの名前が記されればそれで満足だった。そのため、麻酔を無償で仲間の医師たちに伝授したし、公開実技で広めようともした。

「医は仁術」であり、特許を取得して金儲けをすることなど、考えもしなかったのである。

しかし、たとえ金儲けをするつもりがなくても、ウェルズは特許を取得するべきであった。特許を取得した上で、使用料を無償にして全ての医者に開放することで、患者が痛みなく手術を安価で受けることができるようになる。また、特許を取得することで、発見者としての名誉も守ることができたはずだ。仮にモートンの特許が有効に維持されていたら、麻酔はお金に余裕のある人だけが受けられる「高価な医療」となり、外科手術も思うように進歩しなかっただろう。

こうしたことを避けるために、特許戦略を展開しているのが、ノーベル賞受賞者の山中伸弥教授が率いる京都大学iPS細胞研究所だ。iPS細胞技術の基本特許を取得した上で、公的機関の研究者なら無償で、民間企業であっても最大数百万円というライセンス料でiPS細胞を作ることができるシステムをつくり上げたのだ。

もし特許を取得していなかったなら、後から参入した営利企業が特許を取得し、ｉＰＳ細胞を使った新たな技術開発が阻害されていた恐れがあった。「ｉＰＳ細胞の論文を書くより、特許出願を書くときの方が労力がかかった」と、冗談交じりに語った山中教授。特許戦略の重要性を深く認識し、自らの大発見が医学の発展につながるように、万全の仕組みを整備したのであった。

こうしたことをウェルズに求めるのは、酷なことだったのかもしれない。この当時は、医学上の発見で特許を取得するのは、医学者の倫理に反すると考えられていた。医学の進歩に貢献した場合には、その名誉を与えられれば十分であり、金儲けに走るべきではないというのが、医学者に共通した考え方であったのだ。

しかし、医学者としての倫理を守ったことで、ウェルズは麻酔の発見者としての名誉も、そこから得られたかもしれない利益も失ってしまった。そればかりか、金儲けのためには何でもするペテン師モートンに麻酔を横取りされ、それを待ち望んでいた医師や患者の邪魔をさせる結果となってしまった。特許に対する認識の不足が、ウェルズの失敗の本質であったのだ。

失敗の本質② 「発見」だけでは特許にならない

「医は仁術」という医学者の倫理を破り、特許によって金儲けをしようとしたのがモートンだった。モートンは医者ではなく、詐欺を繰り返してきた男であり、医学者の職業倫理など持ち合わせていなかったのだ。

しかし、モートンは金儲けに失敗した。特許戦略があまりに無謀だったのだ。モートンが特許を取得した麻酔は、患者の痛みを劇的に緩和するものだったが、その原理はエーテルを気化させて吸引させるという単純なもの。しかも、エーテルはモートンが「発明」したものではなく、自然界に存在し誰もが知っているものだった。エーテルがもたらす痛みの緩和効果に特許を与えることは、「喉の渇きを癒やす効果」があるとして「水」に特許を与えるようなものであり、そもそも特許に値しなかったのだ。

モートンは後に、特許権を無視した政府に対して訴訟を起こした。しかし、裁判所は審理を途中で打ち切り、特許は申請された時点から無効であったとした。「新たな発明ではなく、以前からあった化合物の新しい使用法を保護しようとするものだ」というのがその理由であった。

また、どこにでも存在し、誰でも手に入れることができるものであれば、特許が認められたとしても、その権利を保護することは困難だ。特許が成立しビジネス上の利益を獲得するためには、その市場を独占する必要がある。水の特許申請をしてそれが認められたとしても、地球上に大量に存在し、誰もが自由に使える以上、その供給を独占することなど不可能なのである。一獲千金を狙ったモートンだったが、脆弱な特許に固執した結果、それまで得ていた収入を失って借金まみれになり、失意の中で死を遂げることになってしまったのである。

モートンが開けたパンドラの箱

特許戦略に失敗したモートンだが、医学界に与えた影響は大きかった。

「一八四六年一〇月十六日(筆者注:モートンが麻酔の公開実技に成功した日)が人類の運命の分かれ目だったとすれば、一〇月二十七日――特許が正式に申請された日付――は、別の意味で新しい時代が幕をあけた日だった。医学の進歩という神聖な領域が、損得勘定によって浸食される時代が到来したのだ」――『エーテル・デイ―麻酔法発明の日』の著者ジュリー・M・フェンスターは、モートンの特許申請をこのように評価している。モートンが取得した麻酔の特許は、世界初の「医療特許」だった。「仁術」だった医学を「算術」に変えたのがモートンだったのだ。

現代の医学界では医薬品の価格が驚くほど高額に設定されたり、医療機器の価格が億単位になったりしている。その要因の一つが医療特許であり、これが患者や国家の医療費負担を増大させ、一部の人にしか恩恵が受けられない状況を生み出しているのだ。

しかし、医療特許は負の側面ばかりを持つわけではない。フェンスターはモートンの行為について、「それは医学の進歩を支える精神をそこなったが、同時に進歩を加速させることにもなる」と指摘している。ウェルズやモートンが生きた時代、医者は儲かる職業ではなく、多くは日々の生活を維持することで頭がいっぱいだったという。医療特許が認められることで、ゆとりある生活ができるならモチベーションも上がり、医師のなり手も増えるだろう。

モートンが医療特許というパンドラの箱を開けたことで、「医学は算術」となってしまった。しかし、パンドラの箱の底に「希望」が残されていたように、医療特許が「仁術」としての医学の発展を加速させていることも確かなのだ。

特許を巡る不毛な争い

特許や著作権、商標権などの知的財産権を巡る争いは激しさを増している。誰が最初に考えたのか、それがどの範囲までなのかなどを巡って紛争が絶えない。その典型がスマートフォンのデザインを巡るアップルとサムスンの法廷闘争だろう。

二〇一一年四月、アップルはサムスンのスマートフォンが、自社のiPhoneのデザインを模倣したとして、アメリカやヨーロッパなど世界各国の裁判所に、デザイン特許(意匠権)侵害の訴えを起こした。これに対してサムスンはアップルを逆提訴、日本を含む十カ国で泥沼の訴訟合戦が繰り広げられた。二〇一八年五月、アメリカの裁判所がデザイン特許の侵害があったとしてサムスンに五億三千九百万ドル（約五百九十億円）の損害賠償の支払いを命じる判決を下した。その後に両社は最終的な和解を結んだが、莫大な訴訟費用をつぎ込んで消耗戦を展開したことで、両社の技術開発のペースが鈍り、これが中国企業の躍進を許したとの指摘もある。

「業界全体がなぜか訴訟に傾いているのは悲しむべき事態だ。優れた製品開発ではなく、弁護士などに巨額の費用が使われている」「こうした訴訟に手を出すのは、ライフサイクルの終わりに近い落ち目企業や、ありのままの姿で競争する能力に自信がない企業だ」――こう語ったのは、グーグルの共同創業者ラリー・ペイジ。

かつてはグーグルもアップルやマイクロソフトなどとの特許紛争を抱えていたが、近年は不毛な対決を避けて、和解を選択するケースも出てきた。

しかし、こうした動きはごく一部であり、企業の特許申請は増加を続け、それに伴う紛争も頻繁に起きている。麻酔を巡るウエルズとモートン、そしてジャクソンの不毛な争いは現代でも繰り返され、そこで無駄なエネルギーが費やされているケースもあるのである。

❖麻酔の発見者に与えられた唯一の恩恵

> **150年の謎「麻酔、なぜ効く」? 宇都宮大の研究者ら、植物反応で仕組み発見**
>
> 宇都宮大バイオサイエンス教育研究センターの陽川憲特任助教と蔭西知子研究員を含む研究グループは…、植物が麻酔にかかるメカニズムを発見した。…「なぜ生き物に麻酔が効くのか」。人類が麻酔を使い始めて150年以上たっても完全には解明されていないメカニズムを解く端緒になる可能性もあるという。
>
> (下野新聞 二〇一八年一月十一日)

麻酔はなぜ効くのか? この単純な疑問に、現代の医学は答えることができないでいる。

宇都宮大学の研究者たちは、細胞レベルでは動物も植物も同じ構造なので、ここから人間に麻酔が効く仕組みを解明しようとしている。麻酔はウェルズによって偶然発見されたものであり、今なお多くの謎に包まれているのだ。

一八〇四年、ウェルズやモートンに先駆けること四十年以上も前に、日本の医学者華岡青洲が、全身麻酔による外科手術を成功させている。チョウセンアサガオが主成分だという「麻沸散《まふつさん》」はよく効き、乳房から腫瘍を摘出する手術は見事に成功したという。華岡はこれを仲間の医者たちに伝授したが、鎖国政策がとられていたことから、世界的な広がりを見せることはなかった。アメリカ・ジョージア州の医師クロフォード・ロングは、ウェルズより早い一八四二年に、エーテルを使った麻酔を施した外科手術を成功させている。しかし、ロングはそれが大発見であるとは思わず、広めようともしなかった。

ウェルズが発見し、モートンが広めたことによって、人類は誰もが麻酔を受けられるようになった。しかし、麻酔はウェルズが求めていた名声も、モートンが求めていた富も与えることなく、二人共に非業の死を遂げさせることになってしまったのである。

いや、ウェルズは一つだけ恩恵を受けていたのかもしれない。ニューヨークの刑務所で自殺したウェルズの姿は異様だった。血の気を失い奇怪な仮面を付けたような顔、口にはシルクのハンカチが押し込められ、傍らにはクロロホルムの瓶が転がっていた。ウェルズは密かに持ち込んだクロロホルムで、自分自身に麻酔をかけていたのだ。

麻酔はウェルズに名誉も富も与えなかったが、痛みを感じることなく自ら大動脈を切り裂き、命を絶つことを可能にした。これが「麻酔の発見者」に与えられた唯一の恩恵だったのである。

Case 3

ジョン・アウグスト・サッター

湧き出る黄金が農場主に災いを招く

写真: GRANGER.COM/アフロ

❖「俺の金を返せ…」と訴えながら…

一八八〇年六月十八日（＊1）、アメリカの首都ワシントンにある連邦議事堂前の階段で、一人の老人が息絶えた。

男は二十五年もの間、毎日のように周辺をうろついていた。男のポケットには、政府に対する数十億ドルもの「請求書」が入れられ、政治家や役人たちに支払えとつきまとっていた。これが認められれば、男は間違いなく大金持ちになるはずだが、相手にする者などいない。ボロボロのフロックコートに破れた靴、そのみすぼらしい姿は人々の嘲笑の的で、子供からも「世界一の大金持ちだって？ お笑いだぜ！」と、からかわれていたのである。

しかし、男は気が触れていたわけではなかった。その請求は裁判で認められた正当なものだった。これが踏み倒されてしまったことから、連邦政府に賠償金を求めて歩き回っていたのである。

男の名前はジョン・アウグスト・サッター（John Augustus Sutter）。ドイツからの移民で、様々な困難を乗り越えて、カリフォルニアで大きな農場を持つまでになった。一八四八年一月二十四日、すでに大金持ちだったサッターに、さらなる幸運が舞い込んできた。所有する農場の一角に、大量の砂金が発見されたのだ。カリフォルニアのゴールドラッシュが始まった瞬間だった。自分の農場が突如として「黄金郷」になったサッター。本当に「世界一の大金持ち」になっていたはずだったが、その最期は惨めなものだった。

見つけたはず黄金はどこに消えたのか。巨額の支払い請求とは何だったのか。とてつもない幸運をつかんだはずの男は、なぜ非業の死を遂げることになってしまったのだろう。

❖アメリカンドリームをつかんだ男

サッターは一八〇三年二月十五日、ドイツ南西部にあったバーデン大公国カンデルン市(＊2)で生まれた。事業に失敗して多額の負債を抱えたサッターは、再起を図ろうと妻と三人の子供を残して単身アメリカへ渡る。

一八三四年七月にニューヨークに到着したサッターは、薬局や食料品店、製材所などで働いたり、行商やサーカスの馬の飼育係をしたりと、様々な仕事を転々としながらお金を貯める。ニューヨークで二年間ほど暮らしたサッターは、更なる可能性を求めてミズーリ州セントルイスに移り住み、その後サンタフェに向かう。

そこで耳にしたのが、「カリフォルニア」という地名だった。遠く離れた「西部(ザ・ウエスト)」にあるカリフォルニアには、「信じられないほど豊かな土地」があり、「早い者勝ち」で手に入れられるというのだ。

カリフォルニアでの成功を夢見たサッターは、先住民の襲撃を逃れながら、ロッキー山脈を越え、荒涼とした大草原を横切り、現在はワシントン州バンクーバー市にある「バンクーバー砦」にたどり着いた。太平洋に注ぐコロンビア川に沿った交通の要衝で、カリフォルニアまであと一歩のところに迫っていた。

ところが、ここで大きな障害が立ちはだかる。南下しようとしても、一帯は先住民の土地で治安が極めて悪く、命の保証はないというのだ。海路なら安全だが、カリフォルニア行きの船が見つからない。そこでサッターは、ハワイのホノルルへ向かった。そこからならカリフォルニア行きか、悪くてもカリフォルニアにより近い、メキシコ行きの船を見つけられると考えたのだ。

太平洋を渡ってホノルルに到着したサッターだったが、見つかったのは、当時はロシア領だったアラスカ・シトカ行きの船だけ。しかし、シトカからメキシコへは定期船が出ているという。これに乗ればカリフォルニアで下船できると考えたサッターは、迷うことなくその船に乗りこむ。再び太平洋を渡りシトカへ、そしてメキシコ行きの船に乗り換えて、サンフランシスコで下船することができた。

ニューヨークから西海岸のバンクーバー、ハワイのホノルルからアラスカのシトカを経由するという、気の遠くなるような長旅だった。

サンフランシスコに着いたサッターは、自らの夢であった農場の建設に着手する。サクラメントが農場に適していることを知ると、当時この地を管理していたメキシコの知事から開発許可を得る。サッターの見立て通りこの土地は肥沃で、耕すことなく蒔いた種はすくすく成長し、驚くほどの収穫を上げ始めた。農場は瞬く間に拡大、穀物倉庫はあふれ、数千頭もの家畜を保有するまでなる。今やカリフォルニアの一大産業となっている、ブドウや果樹の栽培を始めたのもサッターだったという。

サッターは、農場で働く人々のための住宅を建て、製粉所や運河も整備していく。食料品から農具、武器弾薬まで仕入れて販売するなど、貿易商としての地位も築き上げた。

イギリスとフランスの銀行に多額の預金を持つ大金持ちとなったサッターは、アメリカで最初の蒸気機関を使った製粉機を、ニューヨークから六十頭もの水牛に引かせて取り寄せて、一層の事業拡大を図った。不安定だった政治状況も、アメリカがメキシコとの戦争に勝利して、カリフォルニアの割譲を受けたことで安定に向かっていた。

一八四七年、サッターは故国に残してきた妻と子供たちを呼び寄せる手紙を書いた。パリから百八十日間もかけて、プレイエル社のピアノも取り寄せた。

単身でアメリカに渡ってから十三年、あらゆる困難を乗り越えて実現した「アメリカンドリーム」だった。

❖黄金がもたらした破滅

サッターが人生の絶頂期を迎えていたとき、それを遥かに上回る「幸運」が訪れた。

一九四八年一月二十四日、サッターの農場で製材所の建設をしていた大工のジェイムス・W・マーシャルが、息を切らせて駆け込んできた。小川を掘っていたマーシャルは、キラリと光るものを見つけた。拾い上げてみると「黄色の金属」だった。これは金ではないのかと、大慌てで報告しにやってきたのだ。

マーシャルに連れられて「黄色の金属」が見つかった場所に着いたサッターが、川の砂をふるいにかけてみると、金色の粒が次々に見つかった。

自分の農場に大量の金が、しかも掘る必要のない、川底をすくえば簡単に採れる砂金だ。すでに大金持ちだったサッターだが、砂金の発見はその何十倍、何百倍もの富を与えるに違いない。そして、これがサッターの人生を一変させる。しかし、なぜか悪い方向にだ。サッターの生涯が記された『黄金』(ブレーズ・サンドラール著)にはこう記されている。

「ヨハン・アウグスト・サッター、アメリカ最初の大富豪、いや、『合衆国』最初の超大富豪は、この鶴嘴《つるはし》の一撃によって破滅させられることになるのだ」

サッターは砂金の発見を隠そうとしたが、瞬く間に噂は広がってしまった。まず、農場で働いていた人々が、一斉に仕事を放棄して砂金を採り始めた。農場の運営は完全にマヒし、飼っていた乳牛は世話されずに死んでいき、農地は手入れがされずに荒れ果てていく。

この状況に追い打ちをかけたのが、アメリカ大統領ジェームズ・ポークだった。この年の十二月、カリフォルニアに金が見つかったと発表、埋蔵量は「にわかに信じ難いほどの膨大さであります」と語った。ニューヨーク・ヘラルド紙も「カリフォルニアに黄金郷！」と書き立てたことで、全米が大騒ぎになる。

年が明けた一八四九年、一獲千金を狙った人々がカリフォルニアに殺到した。ゴールドラッシュが始まったのだ。ニューヨークから、はるばる南米最南端のホーン岬を回って、およ百八十隻の船がサンフランシスコに到着、ドイツやフランス、イギリスなどヨーロッパからも次々と人々が押し寄せた。この年の春から秋にかけての半年間だけでも、九万人もの人々がカリフォルニアにやってきたという。

ゴールドラッシュが始まった一九四九年にちなんで〝49ers〟（フォーティーナイナーズ）

と呼ばれた彼らは、砂金を採るためにサッターの農場に乱入し、畑を踏み荒らし、乳牛を殺し、穀物倉を破壊して自分たちの家を建てるなど、破壊の限りを尽くした。

サッターは砂金が見つかった農場を離れ、より山地に近い場所で暮らし始めた。故国から妻と子供たちが到着したのは、そんなときだった。農場経営で成功したと聞かされていたのに、夫は「隠者小屋」と呼ばれる家に引きこもり、仕事をする意欲を失っていたのだ。そんな夫の姿に驚いた妻は、長旅の疲れも加わって、間もなく息を引き取ってしまう。

不運続きのサッターだったが、逆境に屈することはなかった。三人の息子の手を借りながら農園の再建に着手する一方で、大規模な訴訟に乗り出した。農場を不法に占拠して砂金を採った約一万七千人に対して、土地の明け渡しを求めた。カリフォルニア州政府に対しては、サッターが建設した道路や運河、橋を勝手に使っているとして、損害賠償請求を行ったのだ。巨額の訴訟費用を農場経営で蓄えた資産で賄い、長男のエミールをワシントンに送って法律の勉強をさせ、訴訟を手伝わせた。

四年に及ぶ裁判は一八五五年三月に判決を迎えた。結果はサッターの全面勝訴。これで積年の恨みを晴らし、本来得るべき莫大な利益を取り戻せるはずだった。

ところが、この判決は完全に無視されてしまう。判決を不服とした一万人もの原告たちが暴動を起こし、裁判所を焼き討ちにし、裁判官をリンチにかけようとした。彼らはサッターの家を襲い、全財産を奪った。長男は暴徒に追い詰められてピストル自殺、二男は殺害され、三男はスイスに帰る途中に溺死したという。

全てを失ったサッターは、ワシントンの裁判所や連邦議事堂の周辺に毎日のようにさまよい、役人や政治家たちに、自らの正当性と賠償金の支払いを求め続けた。こうした日々は二十五年間に及んだが、その請求が認められることは遂になかった。

一八八〇年六月十八日、サッターは連邦議事堂前の階段で息絶えた。七十七年の人生であった。

ドイツからアメリカに渡り、苦難の末に大きな農場を建てて大金持ちになったサッター。ところが、その農場が突如として黄金郷になったことが、人生を大きく狂わせてしまったのだ。

失敗の本質

金を掘るな、ショベルを売れ

失敗の本質① 機能しなかったクローズ戦略

なぜサッターは砂金発見という大きなチャンスを、生かせなかったのか。そこには、ビジネス戦略の根本的な誤りがあった。

強い競争力を持つ経営資源を獲得した場合、それをどのように利用するのか。そこには大きく二つの戦略がある。「クローズ戦略」と「オープン戦略」だ。

クローズ戦略は、経営資源の内容を秘密にしたり、特許権を取得したりすることで、他人を排除する。経営資源の囲い込み(クローズ)によって、利益を独占しようとするのだ。

サッターも砂金という経営資源を、クローズ戦略で利用しようとした。砂金の情報を秘匿して自分の管理下に置き、そこから得られる利益を独占しようとしたのだ。ところが、ここに大きな落とし穴があった。サッターはクローズ戦略に必要不可欠な「参入障壁」を築くことができなかったのである。

経営資源を囲い込むためには、他者がそれを利用できないようにする参入障壁が必要となる。サッターの場合、自分の農場に柵を張り巡らせ、警備員を配置し、情報が漏れないように徹底する必要があった。しかし、農場はあまりに広大で、他者の侵入を防ぐことなど不可能だ。また、砂金が露出していることから、その場所を隠すこともできなかった。

不運なことに、政府が作ってくれるはずの参入障壁もなかった。サッターは砂金が出た農場の所有者であり、政府が法律に基づき、警察や司法などの公権力を使って権益を守ってくれると信じていた。ところが、当時のカリフォルニアはアメリカに編入されたばかりで、公権力は十分に機能していなかった。自分で作る参入障壁も、政府が作ってくれるはずの参入障壁もないことで、サッターの砂金は「採り放題」となってしまった。これではクローズ戦略は機能せず、利益を独占することも不可能なのである。

しかし、サッターを責めるのは酷だろう。クローズ戦略はビジネスの基本であり、強力な経営資源を獲得すれば、誰もが当たり前のようにこれを採用してきた。自分で参入障壁を作れなくても、政府が権益を守ってくれるはずだと思うのは当然であり、他の戦略があるなど思ってもみなかったのだ。

失敗の本質② 見落とされたオープン戦略の可能性

もし、サッターがオープン戦略を採っていたらどうなっただろう。オープン戦略は保有している経営資源を開放するというものだ。

もちろんこれだけでは利益を得られない。オープン戦略は基本となる経営資源を無料化する一方で、そこから生まれてくる付随的なビジネスで利益を上げようとするものだ。

サッターの場合のオープン戦略は、農場を開放して砂金を採りに来た人々を迎え入れ、一方で、彼らに向けたビジネスを展開することになる。

砂金を独り占めできなくても、サッターは曲がりなりにも農場の所有者だった。その優位性を生かせば、砂金に対しての参入障壁が作れなくても、周辺ビジネスではある程度の参入障壁を作ることができたはずだ。これはサッターにとっての、新たなビジネスチャンスになりえた。

例えば、所有する農場内に店舗を作り、食料品や衣料品などの生活必需品、砂金を採るためのつるはしやショベルといった道具類などを販売する。他に調達手段がないことから、値段を高く設定しても売れるに違いない。実際に当時のカリフォルニアでは、大勢の人が突然やってきたために深刻な物不足が生じていた。この結果、小麦の価格が全米平均の五十倍以上となるなど、激しいインフレが起こっていたのだ。農場を経営し貿易商もしていたサッターは、豊富な仕入れルートを上手く利用すれば、巨額の利益を上げることもできただろう。

同じように、農場が自分の土地であるという強みを生かして、食堂や宿泊施設などを独占的に提供することもできた。採掘された砂金を買い取る交換所を作ることで、手数料収入を稼ぐことも可能だったろう。

オープン戦略を採れば、サッターは自分で砂金を採る必要もなくなるし、砂金が見つからないというリスクを他人に転嫁することもできる。自分が汗を流すことなく、砂金を採りに来た人を相手に、濡れ手に粟のビジネスが展開できたのである。

利益が直接入ってくるクローズ戦略に比べて、間接的に入ってくるオープン戦略は、成果が見えにくい。しかし、砂金がいずれ取り尽くされるように、クローズ戦略の要となる経営資源の優位性は、永遠に保たれることはない。一方で、オープン戦略は多くの参入者を迎え入れる結果、市場全体を拡大させる効果もある。オープン戦略はクローズ戦略とは比較にならないほど、大きな可能性を秘めているのである。

大金持ちを生んだピック&ショベル戦略

ゴールドラッシュは多くの大金持ちを生んだ。しかし、その大半は砂金を採った人ではなかった。大金持ちの多くが、砂金を採ろうと殺到した人向けのビジネスで成功したのだった。

ゴールドラッシュで最初の大金持ちになったのは、サム・ブラナンだ。ブラナンはサッターの友人の一人で、最も早く砂金の存在を知っていた人物。ブラナンはまず、ショベルや斧、テントといった砂金を掘る人たちの必需品を密かに買い占めた。その上で、「金が出た！」とサンフランシスコ中に情報をまき散らした。殺到してきた人々に、ブラナンは二十セントで仕入れた桶を七十五倍の十五ドルで売却するなどして、九週間の間に三万六千ドルも稼いだという。瞬く間に大金持ちになったブラナンは、稼いだ資金で金融業から鉄道、電信会社まで事業を広げていく。ブラナンはオープン戦略の勝者となったのだ。

経済学者の野口悠紀雄は、その著書『アメリカ型成功者の物語』で、サッターとブラナンのビジネス戦略の違いを分析している。

「サッターの優位性は、金が出た土地の所有者だったことではなかった。……そうではなく、情報を早く掴んだことだった」と野口は指摘する。ところがサッターは、この情報を隠そうとした。これに対してブラナンは、サッターとは逆に情報を大々的に公開し、買い占めていた道具を高値で売って利益を上げた。「ブラナンと同じことを、サッターもできたはずだ。いや、彼のほうがはるかに有利な立場にいた。もっとも早く金発見を知ったのだし、砦の所有者でもあったからだ」とする野口。砂金の発見という価値の高い情報について、クローズ戦略で臨んだサッターは失敗し、オープン戦略を採ったブラナンが成功を手にしたというわけなのだ。

こうした戦略は「ピック&ショベル戦略」と呼ばれている。砂金を採るのではなく、砂金を採るために必要不可欠なピック(つるはし)とショベルを売る、つまり周辺ビジネスに勝機を見つけるというものだ。

ピック&ショベル戦略は、カリフォルニアに多くの成功者を生んだ。小さな衣料品店を営んでいた男は、「もっと丈夫なズボンが欲しい」という声を聞く。そこで、フランスの「ニーム地方」で作られた「サージ」という生地を仕入れて、“serge de Nimes”(サージ・デ・ニーム)という、丈夫で肌触りのよいズボンを売り出した。“denimu”(デニム)と呼ばれるようになったこのズボンは、爆発的なヒット商品となり、店主は大金持ちになる。その名前はリーバイ・ストラウス、誰もが知る世界的なジーンズメーカーの創業者だ。

サンフランシスコに本店を持つ全米屈指の大銀行ウェルズ・ファーゴも、ピック&ショベル戦略の成功が出発点だ。砂金を採った人のお金を、故郷に送り届けるサービスを始めたのがヘンリー・ウェルズとウィリアム・ファーゴだった。二人が創業したウェルズ・ファーゴ社は、高い安全性を売り物に急成長、ここで蓄えた資産を元手に銀行業へと転身する。ウェルズ・ファーゴのクレジットカードやフェイスブックなどに駅馬車が描かれているのは、こうしたルーツを持っているからなのだ。

リーランド・スタンフォードも、砂金を採りに来た人々に食料品や道具を販売するビジネスで財をなした。スタンフォードは、やがて大陸横断鉄道(セントラル・パシフィック鉄道)の社長に就任して大富豪になる。その私財を投じて創立したのが、全米屈指の名門スタンフォード大学だった。彼もまた、ピック&ショベル戦略の成功者だったのである。

「成功者は金を掘らなかった」と野口は指摘する。彼らは砂金の発見という経営資源に対して、その周辺で派生したビジネスチャンスをつかむことで成功する。サッターもこうしたビジネス戦略を採るべきだったのではないだろうか。クローズ戦略に固執したサッターは、大きなビジネスチャンスを逃してしまったのである。

現代の勝者たち

オープン戦略かクローズ戦略か…。サッターの蹉跌を生んだビジネス戦略の成否は、現代のビジネス界でも極めて重要だ。

ウェブブラウザー（インターネット閲覧ソフト）の先駆者だったのがネットスケープだ。一九九四年十月にリリースされたネットスケープ・ナビゲーターは、優れた能力から初期は有料であったにもかかわらず爆発的に利用者を拡大させ、「史上最速のスピードで成長した企業」と呼ばれる成功を収めた。

ところが、マイクロソフトがインターネット・エクスプローラーを、ウィンドウズに無料で組み込んだことで形勢が逆転し、ネットスケープは表舞台から消え去った。この失敗を教訓とし、フェイスブックやツイッター、ＬＩＮＥなど、現代のＩＴ企業の多くは、無料を基本としたオープン戦略を採ることで、大きな成功を収めている。

しかし、オープン戦略が万能というわけではない。オープン戦略でインターネット・エクスプローラーを広めたマイクロソフトだが、その基本事業であるパソコンのＯＳについては、有償で提供するクローズ戦略を採っている。経営資源の性質に応じて、巧みに戦略を使い分けているのだ。オープン戦略とクローズ戦略には一長一短があり、状況に応じて使い分ける必要があるのである。

オープン戦略が持っている市場拡大効果を、巧みに利用したケースもある。経済学者の立本博文は、その一例として半導体メーカーのインテルのオープン戦略を挙げる。インテルはパソコンの設計情報を台湾の受託生産企業に提供するなどオープンにする一方で、中核となるＣＰＵ（中央演算処理装置）についてはクローズ戦略を徹底した。これによって台湾の企業が急成長、これがＣＰＵ需要をさらに拡大させる原動力となり、インテルに大きな利益をもたらした。

こうした戦略を「オープン＆クローズ戦略」と呼ぶ立本は、「製品拡大を目指して情報共有することと、利益独占を目指して情報秘匿することは矛盾するようですが、１９９０年代以降に大成功した製品の多くはこの二つの戦略を両立させています」（「日本経済新聞」二〇一八年七月二十五日「やさしい経済教室」）と指摘している。

ゴールドラッシュによって、カリフォルニアの人口は爆発的な拡大を見せ、多種多様な製品やサービスの需要が生まれ、市場規模が巨大化した。サッターがビジネス戦略を間違えていなければ、その中心に君臨することもできただろう。しかし、サッターはクローズ戦略しか考えることができなかった。これがサッターの失敗の本質だったのである。

❖サッターの二の舞いを演じないために

ＩＴ分野で多く見られるオープン戦略とクローズ戦略を組み合わせたビジネス戦略は、製造業でも広がり始めている。その一例がトヨタ自動車が行った、燃料電池車の特許公開だ。燃料電池車の分野では紛れもなく世界のトップを走るトヨタだが、二〇一五年に基本特許の多くを公開し、同業他社が自由に使えるようにした。

次世代自動車のスタンダードの一つといわれる燃料電池車だが、開発が困難で同業他社が追いつけず、自動車業界全体としては思うように実用化が進んでいないのが実情だ。燃料電池車という「金脈」を掘り当てたのに、このままでは宝の持ち腐れになるだけでなく、次世代自動車の主導権すら失いかねないと、トヨタ自動車は考えたのではないだろうか。

そこで多額の研究開発費をかけた特許をあえて公開し、同業他社の参入を促すオープン戦略に切り替えた。これによって燃料電池車の市場が拡大し、結果的に自社に有利に働くというわけだ。

「世界中の自動車メーカーの皆さん、私たちが見つけて培ってきた燃料電池車という金鉱を無料開放します。一緒に金を掘りましょう!」というところだろう。

オープン戦略戦略に舵を切ったトヨタの決断は、クローズ戦略に固執したサッターの二の舞いにならないための、決断だったといえるのではないだろうか。

カリフォルニア州サクラメントには、サッターが農場を経営していたときに暮らしていた「サッター砦」を復元した観光施設がある。高い塀に囲まれた広い敷地に建物が並ぶ姿は、当時のサッターの財力を示すものだが、サッターが砂金ビジネスに成功していれば、比べものにならないほど巨大な邸宅が生まれていただろう。

砂金のような優れた経営資源を探し当てたり、創り上げたりすることは容易ではない。

しかし、それ以上に難しいのが、それを生かすビジネス戦略だ。砂金発見という天恵を生かせず、失意のうちに死んだサッターの失敗から、数多くのことを学ぶことができるのである。

＊1　サッターの死亡日については「七月一七日」とする文献もある
＊2　サッターの生地については「リューネンベルク」とする文献もある

Chapter 2

転落した天才に学ぶ「マネジメントの法則」

Case 4

金子直吉

三菱、三井を超えた名参謀
巨大商社と共に沈む

鈴木商店記念館 提供

❖諦めきれない夢を追って…

「感慨無量のことがあったろうなア。会社の多くは他人の手に渡り、何をしようとしても言うことをきかず。悶々の情やるせないのが見えとった」

男の最期を看取ったのは、その右腕として活躍したかつて部下だった。終の棲家となった神戸・御影の家は、住む家を失って旅館や借家を転々とする男を見かねた人々が、その恩に報いるためにと贈ったものだった。

神戸・須磨に自宅があった男が、東京での「定宿」としていたのが、東京ステーションホテル二十号室。丸の内のオフィス街を見渡すスイートルームを、十二年間も借り切り、活動拠点としていたのだ。時間節約のために、神戸に戻るときには夜行列車を使い、大阪で部下から書類を受け取り、神戸に着くまでの間に目を通すという仕事漬けの毎日。そんな男の気晴らしが「ドライブ」だった。神戸ではミネルバやベンツ、東京ではビュイックに乗り、運転手に命じてあちこち走り回っていたという。しかし、その晩年は仕事も住む家も失い、果たせぬ思いを抱きながら、生涯を終えることになったのである。

男の名前は金子直吉。その死を伝えた東京朝日新聞は、「往年神戸鈴木商店の大黒柱として関西財界に活躍し、氏が盛り立てた事業中神戸製鋼所をはじめ多くの事業は今重要な使命を遂行しつつあり」とその業績を称える。

鈴木商店は、日本のみならず、世界にその名をとどろかせた巨大商社だ。一時は三菱や三井を抜いて日本最大の商社となった鈴木商店を、強力なリーダーシップと卓越した経営手腕で育て上げたのが直吉だった。しかし、一九二七(昭和二)年に鈴木商店は経営破綻、直吉は手がけていた全ての事業から放逐された。

その後も気力は衰えることなく、「お家再興」のチャンスを求め続けた直吉。しかし、その思いが実現することなく、一九四四（昭和十九）年二月二十七日、直吉は七十七年の人生を終えたのだった。

隆盛を誇った巨大商社はなぜ崩壊したのか。経営戦略のどこに過ちがあったのか。金子直吉の栄光と挫折の人生を探っていこう。

❖「世界の鈴木商店」の誕生

金子直吉は一八六六（慶応二）年に、高知県吾川郡名野川村（現・吾川郡仁淀川町）に生まれた。父親が経営していた呉服反物を扱う店が破綻したため、直吉は六歳の頃に高知市に移り住む。極貧生活の中、直吉は学校に行くこともできず、紙くず拾いで一家の生計を支え、やがて質店へ丁稚奉公に出る。ここで直吉は質草となっていた本を読み漁った。「質屋大学」と振り返る六年ほどの丁稚奉公で、直吉は膨大な知識を身につけた。

一八八六（明治十九）年、直吉は神戸で外国産の砂糖（洋糖）を扱っていた鈴木商店で働き始める。猛烈な働きぶりで頭角を現した直吉が、店の経営を任されるのは一八九四（明治二十七）年のことだ。主人の鈴木岩治郎が急死、後を継いだ妻の鈴木よね（「お家さん」と呼ばれていた）は、直吉に店の将来を託したのだった。

ここから直吉と鈴木商店の躍進が始まる。「生産こそ最も尊い経済活動」との信念を持っていた直吉は、扱っていた樟脳の生産工場建設を皮切りに製造業に進出する。

一九〇三（明治三十六）年に大里製糖所を設立すると、一九〇五（明治三十八）年に、神戸・脇浜にあった小林製鋼所を買収し、神戸製鋼所と改称して製鉄業にも乗り出す。一九〇七（明治四十）年には東レザーを設立、これが後の帝国人造絹糸（現帝人）などとなる。翌年には化学工業へ進出。一九〇九（明治四十二）年には札幌製粉（現日本製粉）を買収、一九一六（大正五）年には、播磨造船所（後の石川島播磨重工業、現ＩＨＩ）と鳥羽造船所を買収し、造船業にも本格参入した。このほかにも帝国麦酒（現サッポロビール）や旭石油（現昭和シエル石油）など、コングロマリットと呼ぶに相応しい巨大企業グループを築き上げていく。

猛烈な速さで事業拡大を進める直吉は「煙突男」の異名を取り、「日本資本主義の父」と呼ばれた渋沢栄一をして、「事業家としては天才的だ」を言わしめるほどだった。

貿易事業においても、鈴木商店は目覚ましい発展を見せた。日本商業を設立し、ニューヨークやロンドン、サンクトペテルブルクにシドニーと、世界数十都市に拠点を持つに至った。直吉の「電報料は一切心配するな」という方針の下、世界各地の拠点から最新情報が送られてきたことから、朝日や毎日の記者が毎日のように情報を取りに来ていたという。

日本を起点とした単純な輸出入ではなく、チリの鉱石をロシアへ、ロシアからはウクライナ産の小麦をロンドンへと、世界を縦横無尽に駆け巡る「三国間貿易」が鈴木商店のお家芸となった。五千トンを超える船舶を二十隻以上も保有、最盛期にはスエズ運河を通る船の一割が鈴木商店のものと言われるほど隆盛を極めた。

このネットワークが生かされたのが、第一次世界大戦の勃発に伴う商機だった。各支店からの情報を整理した直吉は、戦争による物不足が起こると確信した。直吉はロンドン支店に対して“Buy any steel, any quantity, at any price”(鉄を買いまくれ、値段なんて気にするな)と打電する。このときに買い占めた鉄はすぐさま暴騰し、とてつもない利益を鈴木商店にもたらした。

商社の生命線であるとして、直吉は早くから造船事業に力を入れていたが、これも大きく開花する。第一次世界大戦でドイツ軍のUボートで次々に船を沈められたイギリスとアメリカは、一刻も早く手当てする必要に迫られていた。直吉はすでに買収していた播磨造船所と鳥羽造船所に加えて、川崎造船所や三菱造船にも自らが仕入れていた鋼材を使って船舶を発注、船価が二十倍近くに跳ね上がり、莫大な利益が鈴木商店にもたらされた。

日本中が戦争景気に沸き立つ中、攻めの一手で急成長した鈴木商店。一九一七(大正六)年の年商は、当時の日本のGNP(国民総生産)の一割に匹敵する十五億四千万円、三井物産の十億九千五百万円を抜いて日本最大の商社になった。直吉が入った当時は二十人ほどだった従業員数は、ピーク時には本社や直系事務所などに三千人、系列の企業集団六十五社に二万五千人を擁するまでになる。

イギリスの海軍大臣で、後に首相となるウィンストン・チャーチルをして「カイゼル(ドイツの皇帝)を商人にしたような男」と言わしめた金子直吉。店の舵取りを任されてから二十年あまり、金子直吉と鈴木商店は絶頂期を迎えていたのである。

❖大戦景気の反動恐慌に沈んだ鈴木商店

直吉の強力なリーダーシップの下で、日本最大の商社に上り詰めた鈴木商店。ところが、そのわずか十年後の一九二七(昭和二)年四月に経営破綻してしまう。直吉の強気の経営戦略が、ことごとく裏目に出てしまったのだ。

一九一八年(大正七)年十一月に第一次世界大戦が終結すると、一九二〇(大正九)年頃から戦後恐慌が深刻化する。

戦争が始まると「大戦景気」が生まれる一方で、戦後はその反動の「戦後恐慌」に見舞われる。戦争は「巨大な公共事業」であり、船舶や車両、武器弾薬から衣料品、食料などが次々に発注されて需要が急増し、民間企業は生産設備を拡大してこれに応える。しかし、戦後になると一転して需要が激減して景気が悪化、生産設備は過剰となる。

大戦景気に乗って日本一の商社となった鈴木商店が、その影響を最も強く受けるのは当然のことだった。

最も大きな打撃を受けたのが造船事業だった。戦時中の船舶需要に応えるために、鈴木商店は傘下の播磨造船所などで多くの船舶を建造し、自社でも運用していた。ところが、戦争終結とともに需要が激減し、船舶価格も運賃も急落する。

受注を前提に建造した「ストックボート」を大量に抱えた鈴木商店だったが、直吉は方針を変えることはなかった。やがて戦後の復興需要が起こると考え、一九一九(大正八)年に川崎造船所らと共同で国際汽船を設立して、ストックボートの受け皿とした。六十隻総トン数五十万トンという大船団だったが、需要は落ち込むばかり。当初予定していたトンあたり十円のチャーター料は三円を割る事態となる。船舶を売却処分しようにも買い手は見つからず、損失は膨らみ続けた。

こうした状況を深く憂慮していたのが、ロンドン支店長として大活躍していた高畑誠一だ。高畑は戦争が終結する前から、船舶を早く処分するように進言していたが、直吉は聞く耳を持たなかったという。「進むを知って退くを知らず拡張は好きであるが縮小は嫌い」と直吉を評した高畑。その懸念が現実になる中、直吉が強気の姿勢を崩さなかったのは、「八八艦隊計画」に期待していたためだ。

八八艦隊計画は、戦艦八隻と巡洋戦艦八隻を中心とする、日本海軍の大規模な拡張計画。これが実行されれば、船舶需要は一気に回復するとして、直吉は海軍中将を神戸製鋼所の社長に迎え入れるなどして準備を進めていた。

ところが、一九二二（大正十一）年に締結されたワシントン海軍軍縮条約によって、八八艦隊計画は中止に追い込まれてしまう。「アテにしていた八八艦隊の建造計画がつぶれ、神戸製鋼所が痛手を蒙ったことが一番こたえた」と後に語った直吉。一縷の望みも絶たれて、鈴木商店の造船事業は完全に行き詰まり、巨額の損害を出し続けることになったのだ。

❖不運の連鎖で更なる苦境へ

一九二三（大正十二）年九月の関東大震災で、鈴木商店も大きな打撃を被る。折悪しく、大連支店が大豆取引で大きな損失を出し、翌年には外国為替相場が大きくドル高・円安に振れたことで、鈴木商店の輸入部門を直撃した。

一九二六（大正十五）年になると、傘下の日本製粉が経営危機に直面する。しかし、鈴木商店に救済する力はすでになく、直吉は日本銀行総裁も務めた井上準之助や片岡直温蔵相らに支援を要請、日本銀行から緊急融資を引き出すことでなんとか乗り切ったが、厳しい資金繰りに変わりはなかった。

鈴木商店の資金繰りを支えていたのが台湾銀行だ。日本の植民地政策の一環として創設された特殊銀行で、台湾での紙幣発券も担っていた。鈴木商店が台湾の樟脳を扱っていた頃に取引が始まり、その発展と共に規模を拡大させていく。しかし、鈴木商店の経営悪化と共に台湾銀行の不良債権も急速に拡大し、屋台骨を揺るがす事態になっていたのだ。

不運が続く中で、唯一の好材料となったのが「震災手形」だった。関東大震災の影響で、手形の決済が不能に陥った企業が続出した。そこで政府は、支払い不能となった手形を震災手形とし、日本銀行が二年間の期限付きで再割引して、支払いを猶予する措置をとった。直吉もこれを利用し、震災とは無関係の手形まで震災手形とすることで、資金難をとりあえず乗り越えることができた。

しかし、震災手形であっても、いずれは返済しなければならない。

こうした中で、鈴木商店に更なる朗報がもたらされた。政府が震災手形の抜本的な処理に向けて動き出したのだ。震災手形を強制的に決済させれば、倒産が続出して社会不安が起こる恐れがあった。そこで政府は支払い猶予ではなく、日本銀行の損失として処理したり、十年間の長期融資に切り替えたりすることで、震災手形を抜本的に処理する法案を作成したのだ。

直吉はこの法案の成立に大きな期待を寄せた。一九二六(昭和元)年十二月末時点での震災手形未決済残高は二億六百八十万円。そのうちのおよそ半分の約一億円が台湾銀行のもので、その大半が鈴木商店関連だった。法案が成立すれば、鈴木商店が抱える負債を、事実上政府が肩代わりしてくれることになる。

直吉と鈴木商店の命運は、震災手形処理法案の成否に委ねられたのである。

❖とどめを刺した昭和金融恐慌

東京ステーションホテル二十号室に陣取った直吉は、部下たちを総動員して、震災手形処理法案の成立に向けた政治工作を展開する。ところが、これが裏目に出てしまう。直吉が法案成立を求めるのは、それが鈴木商店の救済につながるからではないのか。政府と鈴木商店との癒着を追及してきた野党は、法案の本当の狙いをつかむために、震災手形の振出人や金額などを明らかにするように迫った。

一九二七（昭和二）年三月十四日の国会審議では、「台湾銀行の所有する震災手形の金額を示せ」「銀行が潰れるたびに国会がいろいろ救済すれば、自由競争の原理がこわれる」と野党議員が厳しく追及した。公的資金、つまり国民の税金を投入する以上、その内訳を公表するのは当然だというわけだ。

これに対して片岡直温蔵相は、内訳を公表すれば信用不安を引き起こすとして、頑なに拒否する。怒号が飛び交う騒然とした状況の中、あまりの追及に苛立った片岡蔵相は、後に語り継がれることになる「失言」をしてしまう。

「現に今日正午頃に於て渡辺銀行が到頭《とうとう》破綻を致しました」と言い放ったのだ。

こうした議論をしているうちに、銀行はどんどんと潰れて大変なことになるぞと、野党側を牽制する意味合いだったのだろう。しかし、実際に名指しされた東京渡辺銀行は破綻しておらず、差し出されたメモをそのまま読み上げてしまったのだ。

これが昭和金融恐慌の引き金となった。震災手形を抱えている銀行を中心に連鎖倒産が発生し、次の焦点は最大の保有者である台湾銀行に移った。台湾銀行は鈴木商店との関係を、抜本的に見直さざるを得なくなる。追い詰められた直吉は、日本製粉の救済に尽力してくれた井上準之助に、再び頼ろうとした。ところが、今回ばかりは救済できないと考えたのか、井上は訪問してくる直吉を居留守を使って追い返したという。

片岡蔵相の失言から十一日後の三月二十五日までに、三井銀行は台湾銀行からコールと呼ばれる短期資金を引き上げてしまう。切羽詰まった台湾銀行は二十六日、新規融資を行わないと鈴木商店に通告した。この台湾銀行の「縁切り」で、鈴木商店の命運は尽きた。

四月二日、直吉と共に資金繰りに奔走していた経理部の賀集益蔵が、東京ステーションホテル二十号室を訪ねると、ソファに身を沈めている直吉がいた。憔悴したその姿に、賀集は息をのんだという。

「台銀の融資拒絶から　鈴木商店全く行き詰る　八方奔走のやりくり遂につかず」(「東京朝日新聞」昭和二年四月二日)。鈴木商店は四月四日に不渡り手形を出して、その歴史に幕を下ろすことになった。

鈴木商店は解体され、直吉は全ての事業から放逐された。直吉の住んでいた須磨の住まいは債権者のものとなる。全てを差し出す覚悟だった直吉だが、同居させていた書生の持ち物まで持って行かれそうになり、慌ててそれだけは運び出したという。

十余年の春秋を過したる此ホテルの二十号室を立去るにのぞみて
落人の身を窄《すぼ》め行《ゆく》時雨《しぐれ》哉《かな》
貧乏に追つかれけり年の暮

住み慣れた東京ステーションホテルを出た直吉は、築地の小さな宿屋に移る。妻子とも別居し、債務の整理を続けながらの流浪の生活を始めた。個人資産を蓄えたり、書画骨董を集めたりといったことには、全く関心を示さなかった直吉。住んでいた須磨の家も鈴木商店の「社宅」で、差し押さえるほどの個人資産はなかったという。

失敗の本質

脆弱だったコーポレートガバナンスと財務基盤

鈴木商店は世界の海を駆け巡る巨大な船だった。船長の金子直吉の下、社員という乗組員がそれぞれの持ち場で存分に力を発揮し、世界経済という大海原を快走していたのだ。しかし、戦後恐慌と関東大震災という嵐に相次いで襲われて浸水が始まり、金融恐慌という大波を受けて遭難してしまった。

腕利きの船長として称えられていた金子直吉は、なぜ鈴木商店の舵取りを誤ってしまったのだろうか。

失敗の本質① 暴走を許した株主と金融機関

鈴木商店が破綻した最大の理由は、コーポレートガバナンスが脆弱だったことにある。コーポレートガバナンスは、意思決定をする経営者（取締役）と社員、株主や銀行などの金融機関や債権者など、企業を取り巻く様々な利害関係者（ステークホルダー）が、企業活動を監視しながら、安定的で効率的な経営を達成するための仕組みだ。

企業を船と考えると、コーポレートガバナンスは船を安全に航行させる操船システムと考えられる。

経営者という船長は株主の委託を受け、乗組員である社員たちに指示を出し、できる限り早く、しかも安全に船を走らせようとする。一方、船の所有者である株主や資金という燃料を供給する金融機関などが、船の航行状況を常時チェックする。そして、船長の資質に問題があると判断すれば、交代させるなどして、船を守ろうとするのだ。

安全な航海のためには、確固としたコーポレートガバナンスの確立が必要不可欠なのだ。

ところが、鈴木商店ではコーポレートガバナンスが十分に確立されていなかった。船長の直吉に権力が集中し、誰もその暴走を止めることができなかったのである。

第一次世界大戦が終了した世界経済には、戦後恐慌という嵐が迫っていた。大きな戦争によって景気が急拡大すると、終戦後にその反動で恐慌と呼ばれるような深刻な不況に陥る。経済の歴史で繰り返し起こってきた「お決まりのパターン」だ。

直吉も嵐の到来を予測していた。そして、これに備えるようにと社内に呼びかけた。第一次世界大戦が終結した直後の一九一八(大正七)年の年末、直吉は鈴木商店の重役宛に「資本節約方の件」という通知を出す。

戦時中は「随《したが》って買えば随《したが》って利するを得たり。ために首尾一斉に買方針を持し、所謂《いわゆる》買い上手売り下手を以て終始」したが、これからは方針を転換し、「売上手の買下手たらざるべからずと存じ候」としている。「買い」ではなく「売り」で攻めるべきだというのだ。そして、戦後も勝者であり続けるために、「唯この一策あるのみなることを痛切に感得致し候」として、この方針に従うように強く求めている。

戦後恐慌という嵐が襲ってくるので、速度を落として航行しようという指示が、船長の直吉から出されていたのである。

経営トップと右腕の見解の違い

しかし、鈴木商店は減速できなかった。

後に直吉は「意外なことには彼らは私の思い通りにならない」「鈴木はその時に完全に統制力を失っていたのである」と、当時を振り返っている。とりわけ海外で勤務するエリート社員たちは、陰りを見せ始めた直吉の経営手腕に「あの老爺は近ごろタガがゆるんできた」「焼きが廻った」などといって、どうしても聞いてくれないというのだ。

これに強く反論するのが、直吉の右腕だった高畑誠一だ。「金子さんの命令を聞き入れないという事実はないと思う」という高畑。「金子さんはオールマイティであるから、聞き入れないのでなく、聞き入れることができない状況にあった」と見るべきというのだ。その上で、「休戦により大失敗したのは、何人の罪に帰し得るか。自ら好んで招いたもので、部下を責めるのは無理である」と、直吉を厳しく批判する。

どちらの言い分が正しいのかは不明だが、経営トップの直吉と右腕の高畑の意見の相違は、鈴木商店のコーポレートガバナンスが機能していなかったことを物語っている。「かかる急激に発展した会社には、人物が充分とはいえない」と、高畑も鈴木商店のコーポレートガバナンスの弱さを示唆する。

金子直吉というワンマン経営者の卓越した経営術で、「世界の鈴木」と呼ばれるまでの成長を見せた鈴木商店という船。その速度があまりに速かったために、直吉一人で操船することは不可能となり、コーポレートガバナンスが機能不全を起こしていた。その結果、恐慌という嵐を予測しながらも、船を止めることも、舵を切ることもできなかったのである。

オーナー家と銀行の責任とは

鈴木商店のコーポレートガバナンスが脆弱だったのは、オーナーである鈴木家と融資を行っていた台湾銀行の責任でもある。金子直吉のようなワンマン経営者の暴走を止めるのは社員では不可能だ。止められるのは会社の所有者である創業家か株主、そして融資をしている金融機関なのだが、鈴木商店の場合には、そのいずれもが機能していなかった。

創業家である鈴木家は、鈴木商店が危機に瀕してもなお、直吉に対する信頼を揺るがすことはなかった。経営悪化の原因は直吉にあるとして、台湾銀行がその退任を求めても、創業家の二代目鈴木岩治郎は、「金子直吉は鈴木の功労者である。これを辞めさせることはできぬ」と、直吉を守り続けた。

台湾銀行も同様だった。銀行は企業という船に対して、燃料である資金を供給している。もし、融資先企業の経営が悪化した場合、経営陣の交代を含めた抜本的な経営改善を迫る。企業がこれに応じなかったり、経営改善が進まなかったりした場合、追加融資の停止、あるいは融資の引き揚げという強硬手段に出ることもできるのだ。しかし、鈴木商店と二人三脚で成長してきた台湾銀行は、直吉に対して強い態度に出ることができなかったのである。

戦後恐慌に見舞われたのは鈴木商店だけではなかったが、三井や三菱はじめとした財閥は無事に突破している。彼らはすでに確固としたコーポレートガバナンス体制を確立していたのだ。特定の人間に経営権が集中することを避け、十分な危機管理をしていた。その結果、大戦景気で鈴木商店のように大儲けすることはなかったが、戦後恐慌を無事に乗り切ることができた。

独裁的な経営者とこれを放置したオーナーと金融機関。コーポレートガバナンスが機能しなかったことが、鈴木商店破綻の最大の原因だったのである。

失敗の本質 ② 短期融資に頼る危うさ

鈴木商店の破綻のもう一つの原因が、脆弱な財務基盤だ。企業という船にとって、資金は燃料に相当する。燃料がなければ船を動かせないため、その調達手段を確保することは極めて重要となる。

資金調達手段には株式を使った直接金融と、銀行などから融資を受ける間接金融がある。直吉は直接金融を嫌い、間接金融に頼っていた。

直接金融は株式を公開（上場）するなどして、売却することで資金を調達する。外部の金融機関に頼るのではなく、自前で資金調達ができるのだ。直接金融で集めた資金は返済不要であり、銀行融資に比べてより大きな資金を集めることもできる。配当を株主に支払うことになるが、経営が苦しくなれば減配や無配にすることも、さらには出資金を帳消しにする減資をすることも可能だ。直接金融には間接金融にない多くのメリットがあり、通常は二つを使い分けながら資金を調達することになる。

しかし、直吉は株式公開を頑なに拒んだ。株式を売却すれば、新たに株主になった人たちが経営に口出しをするようになる。船長として舵を握っているところに、知らない人々が乗り込んできて、「速度を落とせ！」「面舵だ！」「取り舵だ！」などと指図されるのが、我慢ならなかった。「鈴木商店が骨身を削って得た利益は、鈴木の利益として独占すべきであり、株主に配当するくらいなら銀行からカネを借りる方がましだ」という論法の直吉。高畑は直吉に株式公開の必要性を繰り返し説いたが、聞く耳を持たなかったという。

この結果、鈴木商店の資金調達手段は、銀行融資に限られることになる。しかも、積極的に融資をしてくれるのは、台湾銀行だけだった。直吉は「カネを右から左に動かすだけで利益を得るような商売などもってのほか」というほどの銀行嫌いで、三井や三菱のように、グループ内に大きな銀行を持つことをしなかった。更に台湾銀行からの融資も、短期融資が基本だった。こうした状況について高畑は、「そもそも工場を建設するのに、短期のコールマネーや運転資金で賄うのは、最も危険な方法である」と指摘している。

鈴木商店という巨大な船は、直接金融という自前の燃料調達手段を持たず、台湾銀行という燃料補給船に頼っていた。この脆弱な財務基盤が燃料切れを起こし、戦後恐慌の大嵐の中で動けなくなってしまったのである。

直吉は後に、自らの過ちを認めて語っている。「大正五年、六年からつきまとっていた五千万円の借金が雪達磨を転がすように大きくなり、それがついにはまとまりをつけることができないまでになって、結局あの不始末を見るに至ったのである。誰に責任があるのでもない。皆私が大借金を負ったのが悪かったのだ。今になって熟々《つくづく》思うことであるが、如何に調子よく儲かるといっても、あまり手を拡げ過ぎると、いざ引締めねばならぬと思った時に、なかなか思い通りにならぬ。又始めの五千万円の借金も、鈴木の盛時に決済してしまえば容易にできたものを、拡げた事業には手をつけずに外《ほか》の方法で何とか始末をつけたいつけたいと思っている内に、計画が齟齬して、ついに大きな借金にふくれてしまったのだ。いずれも私の大きな間違いであった」と。

コーポレートガバナンスの欠如と脆弱な財務基盤という弱点を抱えていた鈴木商店。世界経済が拡大するという好天気の中では快調に航行できても、恐慌という嵐には堪えられなかったのである。

❖直吉が残したもの

鈴木商店という巨大な船を造り上げ、世界の海を疾走したものの、最後に遭難させてしまった金子直吉。しかし、鈴木商店の破綻の直接的な原因は、直吉が船を暴走させたことによる資金繰りの行き詰まり、つまり「燃料切れ」にあった。船底に穴が空いたわけではなく、船体そのものの損傷は限定的だったのだ。

経営破綻によって解体された鈴木商店だが、傘下企業の多くは瞬く間に自主再建を果たす。神戸製鋼所、帝人、日商(現双日)、豊年製油(現J-オイルミルズ)、日本製粉など、鈴木商店が生み出した数多くの企業が、今も大海原を疾走している。

「私は神様よりも大臣大将よりも、生産ということが人間の一番尊い仕事であるという信念は今も変わらない」と後に語った直吉。鈴木商店破綻後も、北海道で炭鉱開発に挑んだり、マレー半島のボーキサイトや西オーストラリアの鉄鉱石の調査をしたりと、「お家再興」を目指し続けた。

直吉の最期を看取ったのは、共に戦い苦言も呈した高畑誠一であった。

「全身これ知恵袋で形成され、身に辺幅を飾らず主家の為、事業の為、国家の為に最後迄懸命の努力を続けられ、金子マイナス事業ゼロの方程式通り事業が道楽で商売が生命、如何に普通人と異なっていたかを如実に物語るものである」

直吉から多くを学んだ高畑は、鈴木商店解体後に日商を設立し、日本屈指の総合商社に育て上げていく。直吉の志はしっかりと受け継がれていたのだ。

初夢や　太閤秀吉　那翁《ナポレオン》

若き日の直吉が詠んだ句だ。直吉は確かに初夢を現実のものとした。直吉が築き上げた鈴木商店は消えたが、そこから生まれた多くの企業が、今も日本経済の根幹を支えているのである。

column 1

「松方コレクション」と金子直吉の奇縁

東京・上野の国立西洋美術館は、ル・コルビュジエ設計の建物が世界遺産登録されたことでも知られる日本屈指の美術館だ。実はこの美術館、金子直吉と浅からぬ縁がある。

美術館は一人の実業家の西洋美術コレクションのために建設されたものだった。コレクターの名前は松方幸次郎（一八六六〜一九五〇年）、川崎造船所の社長であり、鈴木商店を率いた直吉の盟友でもあった大実業家だ。

松方は直吉と同じく、第一次世界大戦の船舶需要を捉えて大成功し、その資産を元に西洋美術品の収集を始めた。「松方コレクション」と呼ばれた収集品の数は一万点に及ぶとされ、ロンドンとパリ、そして日本に分散して保管されていた。直吉も購入資金を立て替えるなど、松方の収集に協力していたのだった。

松方の夢は美術館の建設だった。日本人に本物の西洋美術に触れてもらいたいという思いから美術品を収集し、東京・麻布に用地も確保していた。

ところが、金子の鈴木商店と同じく、戦後恐慌と昭和金融恐慌に巻き込まれて、松方が率いていた川崎造船所も経営危機に陥る。一九二八(昭和三)年、経営責任を取って社長の座を降りた松方は、自身の資産を処分して会社の借金の穴埋めを行った。

その結果、国内の松方コレクションは散逸、ロンドンのコレクションも一九三九(昭和一四)年の火災で焼失してしまった。美術館建設という夢を果たせないまま、松方は一九五〇(昭和二十五)年に八十四年の生涯を終える。場所は鎌倉、間借りしていた弟の別荘での最期だった。

ところが、フランスにあったコレクションは残されていた。その数はおよそ四百点で、戦後はフランスの国有財産になっていたのだ。フランス政府は日仏友好の証しとしてコレクションのほとんどの寄贈返還を決定、これを受け入れるために一九五九年(昭和三十四年)に建てられたのが国立西洋美術館だったのである。

盟友の金子と同じく、手がけていた事業と資産のほとんどを失った松方。しかし、美術館の建設という夢は実現した。ル・コルビュジエが設計した斬新な建物の中で、松方の珠玉のコレクションは、多くの人々を魅了し続けているのである。

Case 5

坪内寿夫

消えた資産は数千億円
幸之助と並んだ再建王

朝日新聞社 提供

❖終の棲家は家賃五万円

「研修総合センター13號館」

男が人生最期の住まいとしていた建物には、奇妙な看板が掲げられていた。愛媛県松山市街の外れ、奥道後温泉郷にある五階建てのビルは、企業の研修施設として建てられたもの。何年間も放置されていた建物の一階の二部屋を改造し、月額五万円の家賃を払って住んでいたという。

寒々とした建物で暮らす男の愉しみは、窓から奥道後温泉郷を眺めることだった。百万坪の敷地に巨大なホテルと遊園地、山を登るゴンドラなどが点在する一大リゾート地は、かつて男の「所有物」だった。それだけではない。男は日本を代表する巨大造船所に銀行や新聞社など最盛期には百八十社、二万五千人の従業員を率いた大実業家だった。資産額は数千億円とされ、作家の柴田錬三郎が松山を訪れた際、「ゴルフ場があったら1週間でもいますよ」と何げなく言うと、山を切り開いてゴルフ場を造ってしまったという。

男の名前は坪内寿夫。晩年に暮らしていた「研修総合センター」は、坪内が考案した研修プログラムを受けるために、日本各地から送り込まれてきた人々の宿泊施設だった。しかし、晩年の坪内は率いていた企業群から放逐され、住居を含めたほぼ全ての資産を失い、無用の長物となった研修所を間借りしていたのである。

「わしは裸になってもかまわんのだよ。雑炊でも食って生きる」と日頃から豪語していた坪内。巨大な企業群はどこへ消えたのか。多くの人々が学ぼうとした経営術のどこに問題があったのか。坪内はなぜ、その言葉通りに裸になってしまったのだろう。

❖シベリア抑留から成り上がる

坪内寿夫は一九一四(大正三)年九月四日、愛媛県伊予郡松前町という漁師町に生まれた。船長になることを夢見て、弓削商船学校(後の弓削商船高等専門学校)へ進学、卒業後は満州に渡り、松花江やアムール川などを運航する船の船長になった。

そのまま終戦を迎えた坪内は、ソ連の捕虜となってシベリア・イルクーツクに抑留されてしまう。三年に及ぶ過酷な抑留生活を耐え抜いた坪内は、帰国すると映画館の経営を始めた。親から譲り受けた芝居小屋を改装したのだが、これが大当たりする。全国に先駆けて「二本立て興業」を仕掛けたことで人気を集め、瞬く間に四国各地の一等地に、三十もの映画館を持つに至る。

愛媛の経済界でその名が知られるようになった坪内は、愛媛県知事からある会社の再建を依頼された。住友系列の造船所「来島船梁《くるしません きょ》」だ。労使関係のもつれから経営が行き詰まっているので、これを再建してほしいというのである。

映画館とはまるで違う造船所の再建に、ためらいを見せていた坪内。その背中を押したのが、阪急電鉄や東宝の創業者として知られる小林一三だった。「天下の住友が投げ出したものを拾うんだ。失敗してもともと、成功すれば天下の大成功だ」と激励された坪内。時に坪内は三十八歳、「まる裸になるかもしれん」と妻に覚悟を伝えて、来島船渠の再建を引き受けたのだった。

一九五三年四月、来島船渠の社長に就任した坪内だが、荒れ果てたその姿に茫然となった。壊れた大型機械が放置され、雑草も伸び放題の廃墟のような造船所。それでも坪内は、自身の蓄えで負債を返済すると、残っていた十五人の従業員たちと、機械を手入れしたり、雑草を抜いたりしたりしながら、新規の注文を待った。しかし、二年間はほとんど注文がなく、映画館の収入を注ぎ込みながら、チャンスをうかがう日々が続いたのだ。

❖ 自ら開けた突破口

転機となったのは、一杯船主向けのビジネスだった。一杯船主は、中世の瀬戸内海で活躍した「村上水軍」をルーツに持つ海運業者。木造船にエンジンを積んだ機帆船を一隻持つだけの零細な海運業者で、来島海峡付近に数多く存在していた。坪内はこの一杯船主たちに、頑丈な鉄鋼船の船主になってもらおうと考えたのだ。

しかし、一杯船主たちに高額の鉄鋼船を買う資金はなく、銀行も融資してくれない。そこで坪内は、月賦で購入できる仕組みを作った。頭金を一割だけ支払えば、四割を銀行融資、残る半分を月賦払いとし、坪内が融資の連帯保証人になるというのだ。

坪内は奥さんを船に乗せることを連帯保証の条件にした。船主たちは働いて現金が入ると、すぐに酒代や博打で使い切ってしまう。ところが、奥さんが睨みをきかせていれば、無駄遣いすることもなく、返済が進むというわけだ。

一九五六年、坪内は鉄鋼船「来島型標準船」(通称「海上トラック」)を開発して、一杯船主たちに売り込みを始める。憧れの鉄鋼船に乗れるとあって注文が殺到、閑古鳥が鳴いていた造船所は、活気を取り戻した。それまでの造船業は、船主からの発注を待つという受注型産業の典型だった。ところが坪内は、自動車のように標準的な船を大量生産して売り込んでいくという、画期的な戦略を取ったのだ。

坪内が再建に着手してから十五年が経過した一九六八年、来島船渠から名を変えた「来島どっく」は、従業員数三千五百人、年間建造高百五十億円の企業に成長していた。独創的なアイデアと強い信念によって、坪内は造船所を見事に再建してみせたのだ。

ここから坪内の企業再建人生が始まる。坪内が次に手がけたのが、奥道後の温泉開発事業だ。地元の造り酒屋が、料亭や旅館の経営者たちから出資を募って、新たな温泉を掘り当てようとしたのだが、上手く行かずに事業は頓挫していた。坪内はこの事業を引き継ぐと見事に温泉を掘り当て、百万坪の土地に巨大なホテル、ゴンドラに展望台、温水プールに映画館や動物園まで備えた一大レジャーランドを造り上げた。

企業再建に見事な手腕を発揮する坪内の元には、銀行から企業再建の依頼が次々に持ち込まれるようになった。坪内を使って焦げ付きかけている融資を回収しようとしたのだ。

こうした銀行の思惑を十分承知した上で、坪内は再建を引き受けていった。自分が再建を引き受けなければ、企業は破産して従業員やその家族が路頭に迷う恐れがある。「誰かが助けてやらにゃ」という強い気持ちが、坪内を動かしていたのだ。

十カ所以上の造船所、東邦相互銀行、オリエンタルホテル、関西汽船などの海運業から新聞社の新愛媛(後の日刊新愛媛)に至るまで、坪内の元には多種多様な案件が持ち込まれたが、坪内はその全てで再建を成し遂げる。

「私は子供がないから、相続者がおらんでしょう。じゃから、冥土へ行くときは財産も税金で取られてしまう。どうせ取られてしまうもんなら、全部使ってやろうという気で事業をやりおるんですが、それが増えてしまうんですな。事業がよくなるから」

再建した企業で構成される「来島どっくグループ」は急速に拡大、坪内の個人資産も膨らむ一方となった。

❖再建の神様の誕生

坪内の名を日本中に知らしめたのが、日本造船界屈指の名門佐世保重工業の再建だった。日本海軍の軍艦を多く手がけた佐世保重工業が経営危機に陥ったのは、一九七八年三月のこと。経営再建のための人員整理を行おうとしたが、千六百人あまりの希望退職者への退職金八十三億円が支払えない状況だった。佐世保重工業はメインバンクの第一勧業銀行に融資を求めたものの、誰かから債務保証を取りつけなければ応じないという。経営破綻が避けられない状況となる中、経営再建の担い手として、坪内に白羽の矢が立てられたのだ。

佐世保重工業は労働組合が強い力を持っていたことから、坪内は引き受けに難色を示していた。ところが、出席していた春の園遊会で、総理大臣の福田赳夫から「時の人、よろしく頼むよ。いよいよ大将の出番だね」などと持ち上げられてしまう。佐世保重工業は軍事的な性格の強い造船会社であり、佐世保は海上自衛隊とアメリカ海軍第七艦隊の重要拠点でもある。政府としては、安全保障の面でも、アメリカとの外交関係の面でも、潰せない企業だったのである。

一九七八年六月二十九日、坪内は佐世保重工業の社長に就任する。滞っていた八十三億円の退職金の支払いについて、坪内が個人保証をすることで銀行融資を取り付けた。困難な経営再建を引き受けた上に、八十三億円もの金をドブに捨てる恐れがあるという、坪内にとって割に合わない話であった。しかし、自分がやらなければ、佐世保重工業は倒産してしまう。多くの従業員とその家族を救いたいという思いが、今回も坪内を動かしたのだ。

「三年で黒字転換、五年で債務完済」を公約した坪内の前に、強力な労働組合が立ちはだかった。佐世保入りした坪内は、「母恵夢《ぼえむ》」という松山の名菓六千個を、大型トラック二台に乗せて、挨拶代わりに差し入れた。これに対して労働組合側は、「饅頭で買収する気か」と受け取りを拒否したため、全て腐ってしまったという。

この「饅頭事件」で火蓋が切られた坪内と労働組合の戦いは熾烈を極めた。坪内の経営再建手法は徹底した合理化にあった。「管理職の頭を切り換えさすのじゃ。大体四百人もの管理職がおって、官庁のようにあれは何年組とか、何大卒とか、くだらないことを言っては、お互いの足を引っ張っておる」「管理職を減らせい、減らした方が仕事がやり易うなる、と指示した」と語る坪内。坪内の強硬な姿勢に労働組合は猛反発、ストライキは延べ百九十六日に及び、坪内の自宅には五千通を超える脅迫の手紙が送りつけられ、血のついた藁人形が投げ込まれたこともあったという。

❖「現状打破」と「少数精鋭」で企業を再建

坪内の経営再建はどのようなものだったのか。作家の遠藤周作との対談で、坪内は具体的な経営再建術を明かしている。

「現状打破」と「少数精鋭」が、企業再建の根本だと坪内は語る。「二人でできるところを五人でやっとるでしょう。その場合は人が五人おるというだけで弊害の方が多い。邪魔するわけですよ」というのだ。

これに対して遠藤は、「しかし、その少数も、仕事のできない人ではだめですね。精鋭じゃなくちゃ」と応じる。少数にするのはいいが、その少数が精鋭かどうかは、分からないのではないかというわけだ。これに対する坪内の返答に、遠藤は驚かされる。

「それは、先生ね、少数にしたら精鋭になるんですわ」というのだ。この答えに、「なるほどォ。自分に責任がかかってくるから…」と、感心しきりの遠藤。

「そうそう。みんな〝精鋭〟ということにこだわるんですがね、やっぱり人間には〝張り気〟がありますからね、五人でやっておったのを、お前一人でやれいうたら、やれるんですよ」と、持論を展開する坪内は、佐世保重工業の経営再建でもこれを実施した。

「なんせ以前は七千三百か四百人おったのが、いまは三千人ちょっとと半分以下の数になっている。それでいて造船ブームの時よりいまの方が仕事量が多い、能率がいい、売り上げが多い」と、少数精鋭にした効果を強調している。

坪内が再建に乗り出したことで、佐世保重工業の業績は目覚ましい回復を見せた。一九八一年に四年ぶりに黒字に転換し、翌年には経常利益が過去最高の百六十九億円に達し、年末には債務を完済した。その公約の通り、坪内は社長就任から五年も経たずに、佐世保重工業の再建を達成したのである。

佐世保重工業の再建によって、坪内の評価は一気に高まり、「再建の神様」と賞賛されるようになった。一九八三年に日本経済新聞が実施した「石油ショック後十年、日本を支えた経営者」のアンケート調査では、豊田英二（トヨタ自動車）や土光敏夫（東京芝浦電気＝現・

東芝）、松下幸之助（松下電器産業＝現・パナソニック）らに次ぐ第六位にランクされている。

時の人になった坪内には、全国各地から講演依頼が殺到、その経営術を紹介する「坪内本」が次々に出版されて、累計で三百万部も売り上げたという。坪内が実施する社員研修プログラムを受けさせようと、全国の有名企業から研修生が送り込まれ、専用の研修施設も建設されたのだった。

経営再建を成し遂げた企業を傘下に収めることで、来島どっくグループは百八十社を超えるまでになった。これに伴い、坪内の個人資産は数千億円と言われるまでに膨れ上がる。向かうところ敵なし、不可能を可能にしてきた坪内の企業再建人生は、そのピークを迎えていたのである。

❖たった一人の企業再建ファンド

坪内の企業再建手法は、現代の「企業再建ファンド」が行っているものと同じだ。「ハゲタカファンド」とも呼ばれるその手法は、経営が行き詰まっている企業の株式を安値で取得し、経営陣を送り込んで再建に取り組む。経営再建が実現できれば株価も上昇することから、最後に株式を売却して値上がり益を得ようとするのだ。

経営破綻した日本長期信用銀行（長銀）の経営再建を担ったリップルウッド・ホールディングスがその典型だ。リップルウッドを中心とする投資家グループは二〇〇〇年三月に長銀の株式を十億円で取得し、更に千二百億円投入して経営再建を開始した。そして二〇〇四年二月、経営を立て直した長銀は、新生銀行と名前を変えて東京証券取引所に株式を再上場する。リップルウッドらは第一弾として、発行済み普通株式のおよそ三分の一にあたる四億四千万株を売却し、約二千二百億円を手にした。

しかし、経営再建に失敗すれば、最初に投入した千二百十億円をドブに捨てることになる。企業再建ビジネスは、規模が大きい上にハイリスク・ハイリターンであるため、投資家を集めた投資ファンドの形式で行うのが通常だ。ところが坪内はこれを「個人事業」としてやっていたのだ。

坪内の企業再建も対象企業の株式を大量購入し、経営権を取得することから始まる。坪内が再建した、関西汽船の場合を見てみよう。坪内は関西汽船の株式五千万株を、額面の一株五十円で購入した。二十五億円の投資になるわけだが、通常の株式投資とはわけが違う。関西汽船は経営破綻の瀬戸際にあり、株式が紙くずになってしまう恐れが極めて高いのだ。しかし、坪内が関西汽船を見事に再建させた結果、株価は一時三百八十九円まで上昇した。この瞬間、投資した二十五億円は百九十四億五千万円になっていた計算になる。

佐世保重工業の場合は、更に巨額の含み益が生まれていた。再建を始める際に、坪内はすでに所有していた株式に加えて、一株五十三円で二千五百万株を購入、その後も株式を買い増した結果、ピーク時の持ち株数は八千七百万株に達していた。坪内の手腕で再建された佐世保重工業の株価は千百八十円の高値をつけるまでになる。この時点で坪内が保有している佐世保重工業の株式評価額は、単純計算で千二十六億六千万円となるわけなのだ。

企業再建ファンド張りのハイリスク・ハイリターンのビジネスを、たった一人で行っていた坪内。「億単位の男」と呼ばれた坪内の資産は、こうして築かれていったのである。

❖神様を転落させた円高の嵐

快進撃を続けていた坪内にとって、一九八五年は最悪の年となった。

坪内は前年の十二月に持病の糖尿病が悪化し、新たに再建に乗り出していた函館どつく幹部の前で倒れて入院していた。病室から指示を出す坪内に、大きな災難が襲いかかる。来島どっくの主要取引先だった三光汽船が経営破綻したのだ。

三光汽船に対して、来島どっくは四十六億円の資金援助をする一方で、見返りとして二十五隻のバラ積み船の注文を受けていた。その三光汽船が経営破綻したことによって、援助した資金の大半が失われ、受注したバラ積み船の代金も受け取れなくなってしまう。

ここに未曾有の円高が襲いかかる。この年の九月二十二日、先進五カ国(G5)は、アメリカの貿易赤字を減らすために、一丸となってドル安誘導を行うことで一致した。「プラザ合意」と呼ばれるこの政策協調によって、一ドル二百三十五円だったドル・円相場は一年後に百五十円台に突入してゆく。

急激なドル安・円高によって、造船・海運業界は壊滅的な打撃を受ける。来島どっくグループも例外ではなかった。ドル建てで運賃を受け取っていた船主たちの経営が悪化したことで、船舶の受注が激減した。ところが、入院中の坪内に代わって指揮を執っていた副社長は船の建造を続けた。「私の了解も取り付けんと、副社長らが、注文主のいない、〃首吊り船〃を四十隻も造りおって、買い叩かれ、安売りするしかない大チョンボをやらかしおった」と、不満を口にした坪内。その損失は数百億円に達する恐れがあり、三光汽船の破綻でダメージを受けていた来島どっくグループにとって、あまりに苛酷な追い打ちとなった。

こうした状況の中、グループの中核企業である来島どっくには、更に経営を圧迫する要因があった。来島どっくが船を売った中小海運業者からの支払いの多くが、海運不況で滞っていた。彼らは坪内がかつて鉄鋼船を売った一杯船主たちであり、「弱いもんこそ、真っ先に救わにゃならん」と、坪内は求められるままに支払いを猶予する。この結果、来島どっくの負債は毎月数十億円単位で増加し、資金繰りを圧迫していくことになる。

一九八六年九月、二千六百億円の負債を抱えた来島どっくグループは、日本債券信用銀行(日債銀)の管理下に置かれた。

「これまで銀行を助けてきたんだから、こんどは銀行から助けてもらう番やの」と、坪内は語ったという。

ところが、日債銀は坪内を助けることはなく、来島どっくグループの解体に着手した。佐世保重工業や函館どつくなどは独立させて再建を進め、古くから来島どっく傘下だった造船会社十三社は「新来島どっく」として再出発させる。関西汽船やオリエンタルホテルなど、造船以外の会社も全て切り離すという。来島どっくグループの債務の受け皿となるのが「来島興産」で、その債務総額は三千二百億円となっていた。銀行団はその元本を棚上げした上で、資産を売却しながら少しずつ返済させる方針だという。

❖ 全てを差し出した再建の神様

日債銀の方針を坪内に告げたのは、副頭取の松岡誠司だった。坪内と日債銀のやりとりが、坪内の生涯を綴った小説『夢は大衆にあり』(青山淳平著)に描かれている。松岡が新来島どっくの社長は自分たちが派遣すると告げた上で、「重ねてのお願いなんですが…」と言いよどむと、坪内は「私はご迷惑をおかけしとうない。ご支援を賜る以上、おまかせしとります」と、経営から身を引くことを了承する。坪内は自らが築き上げた来島どっくグループから、完全に放逐されてしまったのだ。

一九八六年十二月二十四日、来島どっくグループの再建案を説明する日債銀の記者会見では、坪内の去就と経営責任を問う質問が相次いだ。

「坪内さんは莫大な個人資産をお持ちです。個人資産と企業の資産は別とはいえ、オーナー経営者として道義的な責任はあると思います」などと詰め寄る記者に対して、日債銀の松岡はこう答えた。

「実はそのことですが、坪内氏は企業を救うために、元本棚上げにする借入金への個人連帯保証を自ら申し出てこられました。三千二百億円もの個人保証というのは、私どもは寡聞にしてこれまで耳にしたことはありません。坪内氏は何もかも失ってもよいというお覚悟です。こんないさぎよい経営者に出会うことはもう二度とあるまいと思っております」

三千二百億円という数字に、記者会見場は静まり返ったという。

坪内が保有していた株式や不動産などの資産は、来島興産の債務に対する個人保証の担保として、日債銀に差し出された。自宅は五億円、松山市内の二つの映画館が二十七億円など、坪内の資産は次々に売却されて、債務の穴埋めに使われてゆく。

一九九一年、坪内は日債銀を始めとした四十九の金融機関から、「連帯保証債務免除」の通知を受け取った。これによって、坪内は債務の返済から解放されたが、資産のほとんどを失っていた。

「再建の神様」とあがめられていた坪内は地上に転落し、「裸になってもいい」という言葉通りの結末を迎えたのである。

失敗の本質

「再建の神様」にイノベーションは起こせるか

「再建の神様」として称えられていた坪内寿夫は、なぜ、最後で躓いてしまったのか。その失敗の本質は、強権的な経営再建術と、イノベーターとしての資質が不足していたことにある。

失敗の本質① 限界があった強権的経営再建術

坪内の企業再建術は、強権的といえる厳しいものだった。

経営破綻に直面している企業は、沈没寸前の船のようなものだ。エンジンに相当するビジネスモデルが不調で、船体のあちこちに穴が空いている。乗組員である従業員の士気も低下、船長である経営者のリーダーシップも脆弱だ。この結果、燃料である資金が不足し、借金という重荷の増加によって浸水が始まり、沈没寸前に追い込まれているというわけだ。

坪内はこうしたボロ船を購入してオーナー兼船長となり、自己資金を投入して修理、乗組員を再教育して、再び航海できるようにしたのである。

坪内の経営再建術の基本は、徹底した合理化にあった。坪内の合理化策の一つが「ニイマル作戦」だ。一切の無駄を省き、コストを前年度より二十%削減しようとするもので、これに成功すると更に三十%のコスト削減を上乗せする「ゴマル作戦」へと移行していった。

佐世保重工業の再建で坪内は、六十七あった課を五つに集約、部課長四百六十人を三十七人に削減した。坪内はこれに加えて、「週休二日制の廃止」「定期昇給・ベースアップ・一時金の三年停止」「賃金カット」の「合理化三項目」も打ち出した。あまりに急激な労働条件の変更に、労働組合は猛反発し、延べ百九十六日に及ぶ全面ストライキで対抗した。労働組合の訴えを受けて、マスコミも坪内批判を展開したが、坪内は動じなかった。

社員の再教育も、極めて厳しいものだった。「D2P」(ダイナミック・パワーアップ・プログラム)と名付けられた特別な訓練は、参加者をあえて非人間的に扱うことで、意識改革を迫る側面があった。来島どっくで研修を受けた管理職は「戦犯だ！」などと罵倒され、畳に額をこすりつけて謝罪させられたという。こうしたことから退職者が続出し、坪内の社長就任時には五千五百人いた従業員が、一年後には三千四百人に激減した。

沈没寸前の船に乗り込んできた坪内は、船底に空いた穴を塞ぎ、無駄な荷物を降ろし、乗組員を鍛え直した。堪えられない乗組員の中には、海に飛び込んで逃げ出したものもいた。それでも合理化の効果は絶大で、修理を終えた船は、例外なく大海原を快走し始めたのである。

限界を露呈した坪内流再建術

こうした坪内流経営術について、「あんなやり方で、ほんとにやる気が出るのですかね」と苦言を呈したのが早川種三、坪内と同じく「再建の神様」と呼ばれた人物だ。早川は一九七五年に経営破綻し、当時は戦後最大の倒産といわれた興人の再建を成し遂げたことで知られている。

早川も合理化を行ったが、そのやり方は対照的だった。経営不振に陥っているのは、その企業に働きにくい環境があるからだと早川は考える。再建を託された興人について、早川は中間管理職が経営陣に意見を言えない状況にあり、これが経営陣の暴走を許し、経営破綻を招いたと分析した。そこで早川は、社員に対して「倒産レポート」を作成させて問題点を列挙させ、その上で「次にどうすべきか」を社員と共に考えていった。

「働き難い要素を取り除いてやれば、飯も食わずに働きます。その方が命令するより効果がある。命令だけで抑えつけてやると無理が出る」と言う早川。

船長が怒鳴りつけるのではなく、乗組員の自主性に委ねる早川は、坪内の強権的な再建術には限界があると見ていたのだろう。

早川の予測は的中した。猛烈な円高という嵐に襲われる中で、船長の坪内は入院中で思うように指示が出せない。これまでは船長が全ての指示を出していたことから、代わりに舵取りができる乗組員はおらず、一致団結して危機に立ち向かう結束力もなかったのだ。

坪内は絶対的な存在であり、自分一人で経営の意思決定をしていた。グループ企業の支出決済など全て自分で行うため、秘書は書類がぎっしり詰まった大きな鞄二つを持ち歩き、移動中の車の中や喫茶店の中などの、わずかな時間を利用して決裁を仰いでいたという。

理不尽なまでの合理化が、経営再建を可能にしたのは、坪内というカリスマ経営者がいたからのこと。その不在中に起こった未曾有の造船不況は、坪内流の経営術の限界を見せつけることになったのだ。

坪内は自分一人で、舵を握り続けるべきではなかった。乗組員たちにも舵を握らせて、操船術を学ばせる。しっかりとした「後継者」を育成し、船長が不在でも安全に航海ができる、持続可能な体制を確立することが必要だったのである。

失敗の本質②「リノベーター」と「イノベーター」

卓越した手腕で企業再建を推し進めていた坪内だが、十分でなかった資質がある。「イノベーター」としての資質だ。

経営者の資質は「イノベーター」と「リノベーター」に大別できる。イノベーターは、生産手段やノウハウ、労働力などを結合させて、新製品や新サービスなど、より強力なビジネスモデルを創造する能力の持ち主だ。

これに対してリノベーターは、ビジネスモデルの基本的な部分を維持したまま、各所に改善を施すことで業績を上げる能力の持ち主だ。優れた船を建造するのがイノベーター、修理が得意なのがリノベーターというわけだ。

坪内は極めて優れたリノベーターであり、沈没寸前の船をたちどころに修理してみせた。しかし、修理するだけでは、安全な船の航行は実現できない。時間の経過と共に経営環境は変化し、既存のビジネスモデルは陳腐化して競争力を失っていく。ここで必要になるのが、船の構造を抜本的に見直す、イノベーターの資質なのだ。

最初に経営再建を手がけた来島船渠では、一杯船主向けのローンを打ち出すなど、イノベーターとしての手腕を発揮していた坪内。しかし、その後は次々に持ち込まれる経営再建案件に追われたことで、時代に即応したイノベーターの資質を積み上げることができていなかったように思われる。

そこに襲いかかったのが、円高という嵐だった。イノベーターとしての資質を求められた坪内だったが、入院中で現場に立てなかった。船長不在の中で、来島どっくグループは大混乱に陥る。坪内はイノベーターとしての力を発揮する間もなく、来島どっくグループという大船団は航行不能に陥ってしまったのである。

坪内の死を伝えた朝日新聞は、「佐世保重工業の再建では通じた坪内流も、もう受け入れられない。コスト削減だけではなく、価格が高くても売れるものを考え出すことが求められたが、時代の変化に気付くのが遅れてしまった」と指摘する。イノベーターとしての力を十分に発揮できなかったこと。これが坪内のもう一つの失敗の本質だったといえるだろう。

リノベーターに徹するべきだった

経営再建後の経営者には、イノベーターとしての資質がより強く求められる。しかし、イノベーターとリノベーターの資質や能力は別のものであり、一人の人間が両方こなすのは容易でないのだ。

このため、企業再建を達成した段階で、リノベーターは経営から手を引くのが一般的だ。長銀の再建を手がけたリップルウッドは、保有していた株式の多くを売却して、銀行経営から手を引いている。早川種三も同様に、経営再建を終えた段階で、会社の経営から離れている。リップルウッドも早川種三も、リノベーターとしての役割に徹していた。船の修理が終わり次第、新しいオーナーと船長を見つけてきて、自らは下船しているのである。

ところが坪内は、経営再建後も株式を保有し、経営権を手放すことはなかった。船の修理が終わっても船長であり続けた。この結果、円高の嵐に巻き込まれ、せっかく修理した船を沈没の瀬戸際に追いやってしまったのだ。

坪内が企業再建を果たした段階で、株式を売却すれば、巨額の個人資産を守ることも可能だった。「三千億円」とされることもある坪内の個人資産だが、この数字はその実態を表したものではない。来島どっくグループが破綻した際に、坪内が行った個人保証の金額が一人歩きしているのだ。

坪内の個人資産の大半は、経営再建のために保有していた株式だ。株価は絶えず変動している上に、坪内が保有している株式の大半は、証券取引所に上場されていない未公開株式。株式を実際に売却して現金化することで、初めて個人資産を確定することが可能となるのだ。

もし、リップルウッドのように、坪内が経営再建を達成した段階で株式を売却していれば、リノベーターとして莫大な利益を手にしていただろう。しかし、坪内の最終的な目標は、企業と従業員を守り続けることにあり、経営再建で儲けることなど考えもしなかった。修理を終えた後も船を売却せず、乗組員と共に海を走り続けようとした坪内。その結果、せっかく修理した船を失い、坪内は裸になってしまったのである。

❖ 静かな最期を迎えた再建の神様

坪内寿夫は一九九九年十二月二十八日、波乱に満ちた八十五年の生涯を閉じた。

その死を伝えた朝日新聞は、坪内を「再建の神様」などと紹介した上で、「寂しい晩年となったが、地方都市に根を下ろした経営者で、中央の政財界にこれほど注目された経営者はいなかった」としている。

全盛だった時代、坪内は年賀状を二万五千通から三万通も出していたという。政財界のみならず、官僚や学者、文化人から芸能界、スポーツ選手と、交友範囲は驚くほど広かった。生まれ故郷の愛媛県松前町で営まれた葬儀には、多くの政治家に加えて親交のあったプロゴルファーの青木功氏などが参列、弔電は二千通に及び、小渕恵三総理大臣や斎藤英四郎経団連名誉会長、俳優の高倉健ら各界の著名人からも届いた。

弔問に訪れた人の前で挨拶したのは、坪内が迎えた養女の夫である一色誠氏。「故人は『どうせ死ぬときゃ裸じゃないか。死ぬならでっかいことをやって死ね』という演歌が気に入っていました」と、坪内の思い出を語った。

本書の執筆に際して、一色氏に話を聞くことができた。場所は坪内が建てたホテル奥道後から名前を変えた「奥道後壱湯の守」。西日本最大級の露天風呂を持つ大規模なホテルで、その一角には坪内の思い出の品が展示されている「奥道後坪内記念館」もあった。

坪内と苦楽を共にしてきた一色氏は、「坪内はリストラで強引に首を切ったように思われますが、それは誤解なんです」と強調する。厳しい態度で佐世保重工業の経営再建に取り組んだが、それでも「残りたい」という従業員については、配置転換したり、来島どっくに出向させたりすることで、雇用を維持したのだという。

会社が利益を出すために合理化を断行したのは事実だが、それは会社の利益なくして、社員の雇用を維持することはできないからだ。「ワンマンだったことは確かですが、個人的な欲はゼロでした」と、一色氏は振り返る。坪内は従業員とその家族を守ることを第一に考えていたのであり、来島どっくグループの再建のために、全ての個人資産を投げ打ったのも、そのためだったというのだ。

一色氏と別れて松山市街に戻る道すがら、坪内が暮らしていた「研修総合センター13號館」に立ち寄った。誰も住まなくなって久しい、鉄筋コンクリート五階建ての大きな建物は、寒々とした姿を晒していた。その晩年、この建物に妻と二人で生活していた坪内の姿を思い浮かべて、胸の痛む思いになった。

坪内流の経営再建手法については多くの批判があり、現代の社会情勢にはそぐわない面もあるのかもしれない。しかし、経営不振に陥っている企業は、何らかの問題を抱えているのであり、ある程度の荒療治は避けられないのも事実だ。

企業の再建と持続、発展を実現するために、経営者がなすべきことは何なのか。再建の神様が訴えた「現状打破」と「少数精鋭」の経営思想は、今も光を放ち続けているのである。

Case 6

山城屋和助

日本官民汚職の原点
政商が選んだ壮絶な最期

京都大学付属図書館所蔵

❖洋装に身を包んで切腹

男が切腹したのは、陸軍省の応接室だった。服装はドイツ製の黒綾ラシャの上着と胴衣、フランネルの下着という本格的な洋装。男はそのボタンを外し、右手に握っていた短刀の半ばまで白い布を巻き、左の脇腹と喉を突き刺して果てていた。武士道の作法通りの切腹方法であったという。一八七二(明治五年)十一月二十九日、武士の時代が終わりを告げた中での切腹に、世間は大騒ぎとなった。

男の名前は山城屋和助、陸軍の政商だった。和助は陸軍大輔《たいふ》の要職にあった山県有朋に会うために、陸軍省を訪れていたのだ。二人は同じ長州藩の出身で、山県の厚い信頼を受けていた和助は、軍服を始めとした大量の品物を陸軍に納入していた。経営していた店は大繁盛、横浜の本店に加えて日本橋に支店を開設、横浜市内四カ所、六百坪余りの土地に十の建物や蔵を所有するなど、個人資産も膨れ上がっていた。

「御用商人の雄」と呼ばれるようになった和助には、更に大きな目標があった。生糸の取引の抜本的な改革だ。明治日本の主力輸出品であった生糸だが、外国商人に取引を独占され、暴利をむさぼられていた。日本の発展のためには、日本人が直接取引するべきと考えた和助は情報収集と顧客開拓のために、たった一人でフランス・パリへ向かう。社交界に入り込み、上流階級の人々と華麗な付き合いを始め、富豪の娘との婚約まで取りつけたという。

しかし、和助は渡仏からわずか数カ月で帰国し、その半年後に切腹して果てたのだった。大きな志を持ってパリに赴いた和助に何があったのか。なぜ、陸軍省を切腹の場に選んだのか。御用商人の雄とまで呼ばれた男は、なぜ悲劇的な最期を迎えたのだろう。

❖政商の誕生

山城屋和助は一八三六（天保七）年、長州藩の領国であった周防国玖珂郡山城郷和泉村、現在の山口県岩国市付近で生まれた。本名は野村三千三だが、後に生まれ故郷の「山城郷和泉村」にちなんで、山城屋和助と名乗るようになる。

一八六三（文久三）年、和助は長州奇兵隊に加わった。隠密となって徳川幕府の情報を探ったり、江戸や北越の討伐に加わって活躍したりしたことで、和助は奇兵隊総督山県有朋の信頼を勝ち取る。これが政商になるきっかけだった。

一八七一（明治四）年、山県は陸軍と海軍を統括する兵部省の大輔（現代の事務次官に相当する地位）に就任して実権を掌握する。役人になれば、相応の役職を与えるという山県に対して、和助は商人になりたいと告げる。そのときのやりとりが、「政商 山城屋和助」（伊藤痴遊著／『伊藤痴遊全集 第十巻』所収）に記されている。

「威張って居て儲かる、商法をやって見たいのぢや」と言う和助。「町人に成下がる覚悟《つもり》か」と驚く山県に、「町人に成下がって、金の力で多くの人を、動かしても見たいと思ふ」と、和助は言うのだ。

その上で和助は、「陸軍で使ふ品物の買入は、一切我輩の手を経てするやうにして貰いたいのぢや」と切り出す。「相手が政府ぢやから、貸し倒れもなく、品物を持って来て、右から左へ、金の授受が出来るのぢやから、損をすることのないのは請合《うけあひ》といふ、詢《まこと》に手堅い商法ぢや」という。

「成《なる》ほど、夫《そり》や面白からう」と応じた山県は、兵部省が調達する大量の物品を和助に発注していく。明治天皇が着る最初の軍服の注文も受けるなど、商売は順調な滑り出しを見せ、和助は瞬く間に大きな資産を築き上げていった。

❖ 果敢に挑んだ生糸取引

和助が次に手を伸ばしたのが生糸取引だ。明治日本の重要な輸出品だった生糸だが、取引は外国人貿易商に握られ、不当に買い叩かれたり、相場が悪くなると一方的に契約を破棄されたりと、暴利を貪られていた。

こうした状況を目の当たりにした和助は、国益を守るためにも、生糸取引を日本人の手に取り戻すべきだと考えるようになる。日本の生産者と直接契約を結んで生糸を仕入れ、相場の良いときを見計らって売却する。また、外国人貿易商を通さず、ヨーロッパなどの輸出先と直接取引することで、より高い利益を確保できると考えたのだ。

自分自身で生糸取引に参入し、外国人貿易商と闘おうと考えた和助だったが、資金が足りなかった。和助はここでも山県の力を借りようとする。「陸軍に澤山《たくさん》の遊金がある。それを我輩の方へ、廻して貰ひたいのぢや」(『政商 山城屋和助』)という和助。「遊金」というのは、陸軍がいざというときに使うための予備費のようなもので、六十万円ほどあったという。

陸軍とは無関係の生糸取引だけに、山県は資金の拠出にためらいを見せた。これに対して和助は、資金は借りるだけで、利息も付けるし、求められれば何時でも返却する。日本の国益のためには、是非とも必要な資金だと山県を説得した。

算盤勘定が苦手だった山県は、信頼を寄せていた陸軍会計監督の木梨誠一郎に意見を求めた。すると木梨は、「その利子が国家有益なことにでも何でも、使えるのですから、遊ばせておくほど、能のない話はありません」と、和助の提案に賛成する。会計監督からお墨付きを貰ったことで、山県は陸軍の資金を無担保で和助に託す。その額は五十万円、司法省の予算規模に匹敵する巨額なものだった。

この資金を元手に、和助は大々的な生糸取引を展開していく。兵部省向けの商売も順調に拡大し、従業員は四百八十人にまで増加、日本を代表する貿易商の地位を確立したのだ。

この頃の和助の勢いを示す興味深いエピソードがある。日の丸掲揚事件だ。

一八七一（明治四）年、事業拡大に伴って横浜の本店に加えて、東京・日本橋にも支店を開設した。当時としてはまだ珍しい石造りの西洋館だった。

そのお祝いにと、和助が店先に日の丸を掲げたところ、警察官がやってきて、「こら、平民の分際で、みだりに国旗を掲げるとは怪《け》しからん」と怒られてしまう。今でこそ、誰でも自由に日の丸を掲揚できるが、当時は官庁や政府高官の住宅などに限られていたのだ。

店員たちが青ざめる中、和助の手助けをしていた藤田伝三郎が、「手前どもはこう見えましても、主人も私も、元はと申せば今の伊藤君や山県君と一しょに、維新の戦争をしておったもの」などと反論する。明治政府の重鎮を友達扱いする藤田に、警官は恐れをなして一切を不問とした。これがきっかけとなって、一般の人たちも日の丸を掲げるようになったといわれている。「陸軍汚職事始め」（木村毅著／『財界よもやま史話』所収）が記すこの騒動などは、和助が山県の威光を武器にしていたことを示すエピソードといえるだろう。

❖たった一人でパリに乗り込む

山県という強力な後ろ盾を得て、生糸取引に乗り出した和助だったが、やがて大きな壁に突き当たってしまう。日本を拠点にしていては、重要な情報は得られず、顧客の開拓もままならなかったのだ。

一念発起した和助は、日本を飛び出す。一八七一（明治四）年十二月二十七日、和助は横浜からフランス船ファーソ号に乗ってフランス・パリを目指した。明治政府から与えられた辞令は「諸役所納品原価取調」。生糸を始めとした貿易の情報収集と、顧客開拓が目的だった。山県から新たに約十五万円の資金援助を得ての旅立ちだった。

パリに到着した和助は、すぐに社交界に入り込んだ。そこは絹を愛するセレブたちが集まる場所であり、情報を集める上でも、売り込み先を見つける上でも、最適の場所と考えたのだろう。明治の日本貿易の先兵となった和助は、連日のようにダンスパーティーに現れ、コメディ・フランセーズの女優と浮き名を流すなど、見事に社交界に入り込む。パリの新聞に「日本王室のプリンスか」と書かれ、正体不明の日本人ミリオネアとして大いに注目を集めた和助。ロンドンでも新聞の紙面を賑わせた。

こうした中、和助はフランスの富豪の娘と婚約まで交わした。お相手は和助が横浜で知り合ったハルコという貿易商の妹ワッチ。ハルコ一家はパリでも指折りの資産家で、結婚に際しては百二十万円とも百五十万円ともいう巨額の持参金があるという。これを元手にすれば、更に大きな商売ができるに違いない。和助は日本の政商の枠を飛び出し、国際的な貿易商への階段を駆け上がろうとしていたのである。

❖暴かれてゆく癒着

順風満帆だった山城屋和助、その運命を変えたのは一本の電報だった。

「日本の紳士にして、野村三千三なるもの…当地に於ける豪遊は、目覚ましきものあり。有名なる巴里の旅館に宿泊し…競馬に万金を一擲《いってき》して、屢《しばし》ば破れ、近日は巴里一富豪の金髪美人と婚約を結ぶとの噂あり。彼が巴里に来着してより、費消したる金額既に数十万円に達せるは事実なり」

野村三千三は和助の本名であり、「巴里一富豪の金髪美人」というのは、前述の貿易商ハルコの妹ワッチのことだ。和助は本来の任務をそっちのけで、放蕩三昧の生活をしているというのである。

発信者はイギリス公使の寺島宗則で、パリからもたらされた情報を、本国の副島種臣外務卿に報告したのであった。同様の報告はパリ駐在公使の鮫島尚信からももたらされていて、「此者は何《ど》ういふ身分のものか、それを詳しく知らせて呉《く》れろ」と、本国に照会している。

調べを進めていくと、野村三千三こと山城屋和助が、山県の命を受けて、渡仏していることが明らかになった。動き出したのは司法卿の江藤新平だ。和助のパリでの活動資金が公金であれば、見逃すことのできない大問題だ。陸軍内でも追及が始まった。桐野利秋少将は「奸商をして、徒《いたずら》に利を貪らしむるは、我軍規の威厳上、許すべからざる曲事《くせごと》」と激怒して、山県への追及を始めた。「陸軍の遊金は、君の所有《もの》ではない。それを自分の勝手に、他《ひと》に使はせるのは、君にも不似合なことをしたのぢや。それともに君は、此に依って、幾分の利得でもあるのか」と詰め寄る桐野。これに対して山県は、自分の一存ではなく、陸軍の会計監督の承認も得ている。程度の差こそあれ、同じようなことは他の省庁でも行われていて、やましいことはないと苦しい弁明に終始した。

和助の問題は、明治新政府内の権力争いの側面を持っていた。力を合わせて江戸幕府を倒した薩長だが、維新後は対立を深めていた。そこに和助の問題が出てきた。実はパリ公使の鮫島もイギリス公使の寺島も、陸軍少将の桐野も薩摩出身だった。これに対し、和助と山県は長州勢で、その癒着を暴くことができれば、薩摩勢は一気に優位に立てるのだ。

司法卿の江藤は佐賀藩の出身だったが、同様に長州勢を快く思っていなかった。和助がパリに赴いた頃、明治六年度の予算をめぐって、長州出身の井上馨大蔵大輔と激しく対立していたのだ。江藤は裁判所の整備を進めるためとして、前年度の五十二万円を大きく上回る九十六万円あまりを予算請求した。これに対して井上が認めたのは、前年度の水準すら下回る四十五万円。他方、長州出身の山県が率いる陸軍の予算は満額回答だった。身内びいきの長州勢の振る舞いに激怒した江藤は、和助問題の徹底追及を始めたのである。

❖盗人は追い銭でパリ豪遊

慌てたのは山県だ。和助のパリ派遣は山県、そして長州勢との癒着のほんの一部にすぎなかったのだ。山県は和助から、料亭での芸者接待などを繰り返し受けていた。長州出身の陸軍軍人たちも、毎晩のように開く宴会の費用を和助に負担してもらったり、大相撲に招待してもらったり、遊興費を借用証書なく貸してもらったりしていた。

陸軍会計監督の木梨も和助に買収されていた。陸軍の資金拠出を求められた山県は、木梨に相談するに違いない。そこで和助は「割前はしっかりやるから、山県から話のあった時には、しかるべく相槌をうってくれ」と、事前に木梨と話を付けていた。事が上手く運んだら分け前を与えるので、和助の提案にお墨付きを与えてほしいというわけだ。

山県が和助のパリ行きを支援した裏にも深い事情があった。

五十万円という巨額の資金を山県から引き出して、生糸取引に参入した和助。当初は利益を上げていたのだが、一八七〇(明治三)年に大損害を被ってしまう。普仏戦争とその後のパリ・コミューンの成立で政情が不安定となり生糸価格が暴落、抱えていた大量の生糸が三十万円もの損失を出してしまったのである。

和助を呼び出した山県は「損金は何程《どれほど》なのか」と詰問する。ところが和助は「左様《そん》なことは聴かぬ方が宜《よ》かろう。敗軍の将は兵を語らずの格言もある」と、無責任な返答をする。納得できない山県が更に損失額を尋ねると、取引を清算していないので損失額は分からないが、どうしても知りたいというのなら、五十万円全額がなくなってしまったと思ってくれと開き直る始末。

呆れる山県に和助は、損失を取り戻すためには「我輩が、西洋へ出掛けて行って、是から後は一切、本國の異人と直接の取引をする道を、開く外はない」(「政商 山城屋和助」)と言い出す。今回の損失は外国人貿易商が情報と顧客を独占しているからだ。そこで和助自身が欧州に乗り込む必要があるとして、山県に渡航費用を要求したのだ。

山県はこのときも、陸軍会計監督の木梨に相談したが、前回同様に和助を支持する答えが返ってきた。和助に買収されて資金の拠出を許した木梨としては、自らの身を守るためにも、和助に損失を取り戻してもらうほかなかったのである。またしても和助の策略に乗せられた山県は、損失の穴埋めどころか、和助に追加の資金を与えてしまう。盗人に追い銭、盗人は追い銭でパリ豪遊というのが事の真相だったのだ。

❖ 覚悟を決めた和助

和助との癒着が明るみに出れば、自らの地位が危ない。山県は直ちに和助を帰国させ、託した資金の返済を迫った。和助にそんな資金があるはずはなく、留守中に店の支配人が禁じられていた相場に手を出して、更に損失を拡大させていた。後に司法省が調べた結果、和助が陸軍に与えた損害は八十八万円に達していたという。これは江藤司法卿が井上大蔵大輔に求めた司法省の予算に匹敵する額であり、現在の貨幣価値に換算すれば一兆円に迫るとの試算もある。

パリから戻ってきた和助に対して、山県は預けていた全額を即座に返済するように求めた。これに対して和助は一八七三(明治六)年一月一日までに返済すると約束する。それまでの間に、山県らは帳簿を改ざんして、完済済みというウソを突き通そうとするが、江藤司法卿に見破られて、ますます窮地に立たされることになる。

和助は金策に奔走したが、金額があまりに大きく、協力してくれる者はいなかった。「家屋敷を抵当に入れる」「保証人を立てる」「分割払いではだめか?」などとしながら、再延期を懇願する和助。しかし、捜査の手が迫る中、山県もこれ以上待てない状況にあった。四月になれば、パリで婚約した花嫁の持参金が入ってくるので大丈夫などとうそぶいていた和助も、完全に追い詰められてしまった。

残された道は全ての証拠を破棄し、自ら命を絶つことだった。和助は山県との関係を示す書類全てを焼き捨てた。そして、運命の一八七二(明治五)年十一月二十九日が来る。山県に返済期限の延期を、もう一度頼んでみると言って出て行った和助。しかし、陸軍省に到着した和助は、山県に会うことなく、待たされていた応接室で切腹したのだった。

和助はなぜ、陸軍を切腹の場所に選んだのだろうか。経済史を研究する千田稔は「切腹の舞台を陸軍省にして、あえて陸軍に迷惑をかけたのは、無条件延納が認められなかったことへの腹いせもあったからであろう」と指摘する。また、作家の井出孫六は、山県が不在だったとした上で、「山城屋和助は、山県有朋と差し違える決意を、その刃とともに胸に秘めており、山県もまた山城屋の決意を知って、姿をくらましたのとちがうであろうか」との見方を示している。

和助が切腹した机の上には、香炉と数通の遺書、そして「婚約者」ワッチの写真が置かれていた。陸軍会計に宛てた遺書には、「最早手段《もはやしゅだん》も尽《つく》し難《がた》く家名取続《かめいとりつづ》くべき目途等無之候《もくとうこれなくそろ》に付《つき》、死《し》を以《もっ》て御詫《おんわび》申《もう》し上候《あげそろ》」と記されていたという。

山城屋和助、三十七年の生涯だった。

失敗の本質

政商が飲んだ「甘い汁」と「苦い汁」

「天下、唾棄すべきもの多し。しかし官吏と政商が結託して、ほしいままに国財を放乱し、政商は暴富をつんでいよいよ階級的摩擦を苛辣《からつ》にするし、官吏は賄賂をむさぼって、美妓佳酒のぜいたくを極めるのほど憎むべきはない」

山城屋和助の事件を描いた「陸軍汚職事始め」は、その冒頭で官と民の双方を厳しく糾弾する。政商の山城屋和助と官吏であり政治家でもあった山県有朋の癒着は、明治維新後の近代日本における、最初の汚職事件とされているのだ。

ところが、和助は手に入れた利権を生かし切れず、切腹という戦国武将のような最期を遂げたのだった。

政商として明治政府に深く食い込んでいた和助は、どこで道を間違えてしまったのだろう。

失敗の本質① リスクの高いビジネスに打って出る

明治維新によって、近代化に向けて走り始めた日本だったが、民間経済は未発達で、明治政府が牽引役となっていた。ビジネスチャンスが、明治政府に偏在していたのだ。

ここに政商が誕生する土壌が生まれた。経済史を研究する武田晴人は「企業家たちの側からみると、政府がたくさん『甘い汁』をたれ流している、ビジネスチャンスを提供しているので、そのどこかにうまく食いつければ成功の可能性がある」(『財閥の時代―日本型企業の源流をさぐる』)と指摘し、当時が「政商の時代」であったとしている。

後に三大財閥と呼ばれるようになる三菱、三井、住友に加えて、大倉喜八郎や古河市兵衛、安田善次郎などの政商が大きな成功を収めて、明治日本の近代化の原動力となっていった。

山城屋和助は、最も早い段階で甘い汁を吸っていた政商の一人だった。明治陸軍の権力を握っていた山県有朋に取り入り、陸軍とのビジネスを独占した和助。「威張って居て儲かる、商売をやって見たいのぢや」という和助の願望は、驚くほど簡単に実現し、政商のトップを切る存在になっていたのだ。

しかし、和助の事業拡大は拙速に過ぎた。和助の渡欧中に支配人が禁止されていた相場に手を出すなど、リスク管理も人事管理も不完全だった。今でいうコーポレートガバナンスが欠如していたわけだが、明治維新直後という時代を考えれば、それを求めること自体に無理がある。

それでも、政府から発注される品物を納入するだけであれば、問題は生じなかった。損をすることのない濡れ手に粟のビジネスであり、驚くほど簡単に莫大な利益を上げることができていたのである。

だが、これは和助にとって第一段階に過ぎなかった。自分を陸軍の御用商人にするように山県に頼み込んだとき、「それをやって居る中《うち》には、幾分か商売の駆引も覚えるぢやらうし、町人の気心も解《わか》って、それから更に独立した、大きな仕事に掛からうというのぢや」(「政商 山城屋和助」)と語った和助。

この「大きな仕事」が生糸取引だったのだ。

陸軍の資金を使って生糸取引をしたいと山県に申し入れたとき、「今までの所では、陸軍を相手のことで、君から口添を受けて居るので、少しも過《あやまち》もなく、順調に帆を揚げて居るやうなものぢやが、併《しか》し、斯様《こんな》ことを何時《いつ》まで、やって居たのでは仕様がない」(『政商 山城屋和助』)と、和助は胸の内を明かしている。幕末の動乱をくぐり抜けた和助は、大きな志を持って明治維新の世を疾走しようとしていた。商品を右から左に流すという、甘い汁を吸うだけの商売には満足できなかったのである。

しかし、生糸取引は極めてリスクの高い商売だった。日本人が生糸取引の主導権を握るべきだと考えた和助は、山県から引き出した陸軍の資金で大量の生糸を買い付けた。陸軍相手の商売は、言い値で商品を売ることができるためリスクはゼロだ。ところが、生糸取引の相手は外国人貿易商や海外にいる顧客であり、買い付けた生糸は、大きな相場変動リスクに晒される。

外国人貿易商が支配している生糸取引で勝つためには、彼らに負けない知識と経験、高度な情報収集能力が必要だった。しかし、和助は生糸取引の初心者であり、満足な情報収集もできていなかった。陸軍との取引で成功した余勢を駆って、生糸取引に挑んだ和助だったが、百戦錬磨の外国人貿易商に勝てるはずもなく、巨額の損失を出して行き詰まってしまったのだ。

『日本陸海軍騒動史』の著者で軍事史家の松下芳男は、「その手腕と度胸とをもって、堅実な道を踏んだならば、三井、岩崎とは行かないまでも、大倉や安田の域には達したに相違ない」と、和助の実力を評価する。その上で「それがそうならなかったというのは、一にかれが青年の成功に慢心し、いい気になって、自ら慎むところがなかったからで、すべては自ら招いた応報であって、だれをも恨むべきところではないのである」と、手厳しく指摘する。

陸軍との取引だけでは満足できず、生糸取引で更に甘い汁を吸おうとしたのか。あるいは貿易を振興させたいという純粋な思いがあってのことか。

いずれにしても、自らの力を過信し、リスクの高い生糸取引に挑んだ和助は、政商から財閥への階段を上ることなく果ててしまったのである。

失敗の本質② 汚職の構造における「民」の弱さ

和助が切腹にまで追い詰められたのは、山県に見放された結果だった。

官民汚職は、お互いに甘い汁を吸い合うことだ。官は民に便宜を与えることで甘い汁を吸わせ、その見返りに賄賂を受け取ったり、過剰な接待を受けたりすることで自身も甘い汁を吸う。

こうした関係の主導権は「官」にあり「民」はそれに従わざるを得ない。その一存で甘い汁を吸えなくなるどころか、苦い汁を吸わされかねないのだ。

陸軍の資金を引き出した和助だが、決して横領したわけではない。和助は使う当てもなく眠っていた陸軍の資金を、生糸取引に使うことで運用していたのであり、当初は利息も支払われていたことから山県も喜んでいた。ところが、損失が発生すると、山県は一方的に和助を攻め立てた。損失の責任の一端は資金運用を認めた山県にもあるはずだ。パリで豪遊してしまった負い目があるとしても、全ての責任を押しつけてくる山県に対して、和助は忸怩たる思いを抱いていたに違いない。

明治維新直後のこの時期、政商のビジネスは官の論理に振り回されていた。

その典型が明治政府の為替方を担っていた小野組だ。江戸時代からの豪商で、三井組と島田組と共に明治政府を資金面で支えた小野組は、維新後に官金の出納や送金などの業務を担う為替方となった。

為替方は儲けの大きい商売だった。預かった官金は利息を付ける必要がない上に、少額の抵当金を残しておけば、自由に運用することができた。稼ぎ出した巨額の利ざやで、秋田県の尾去沢《おさりざわ》鉱山を開発するなど、小野組は政商として大成功を収める。山県から資金の返済を執拗に求められていた時、和助が助けを求めたのも小野組だった。巨額の資金を用立てることができるのは、他になかったのである。

状況が一変したのは、一八七四(明治七)年のことだ。明治政府が抵当額の大幅引き上げを決定をする。猶予期間はわずかに二カ月で、抵当を支払えなかった小野組は、瞬く間に破産してしまった。和助と同じく、政商として吸っていた甘い汁が、突然苦い汁に変わってしまったのだ。

同様の事態は同じく為替方を担っていた島田組と三井組にも起こっていた。島田組は小野組と同じく破産したが、三井組は生き残ることができた。三井組の大番頭だった三野村《みのむら》利左衛門が、財政を預かる大隈重信大蔵卿に頼み込んで、救ってもらったという。政治工作に成功した三井組だけが政商として生き残り、やがて大財閥へと発展してゆくことになる。官をどうやって取り込むのかが、ビジネスの成否を左右していたのだ。

前出の千田稔は山城屋和助の事件について、「『明治政府は自分たちが血を流してつくったのだから利権を得て当然』とみなしていたことが招いた、構造的腐敗の原点の一つであった」と指摘する。明治新政府内で強大な権力を握った薩長を中心とした藩閥は、政商に甘い汁を吸わせることも、苦い汁を吸わせることも自由自在だった。自らの保身に走った山県に、全責任を押しつけられた和助は、藩閥政治の犠牲者といえるのかもしれない。

❖ 逃げ切った山県

近代日本の最初の汚職事件とされる山城屋和助事件は、贈賄側の和助が切腹したことで幕を下ろした。和助が山県との関係を示す書類を焼き捨てていたことから、江藤司法卿は事件解明の道を断たれてしまう。

調査を引き継いだのが陸軍裁判所だった。関係者らの事情聴取を行った陸軍裁判所は、一八七六(明治九)年七月に判決を出した。判決は和助と陸軍の癒着のごく一部を認定しただけで、和助に買収されていた会計監督の木梨に対する処分も「閉門四十九日」(自宅謹慎)と、極めて甘いものだった。首謀者だった山県だが、「知らなかった」と押し通し、お咎めなしとなる。山県は和助の死の翌年四月には陸軍大輔の職を辞するが、そのわずか二カ月後には、陸軍卿という更に高い地位に就いている。

最も重い処分を受けたのは、兵部省武庫権少令史という、物品の納品を担当していた役人だった。帳簿を改ざんし、資金を横領したとして死刑になったのだが、その金額はわずかに六十九円だった。八十八万円もの損失を出した陸軍省の幹部たちに比べて、著しく公正さを欠いた判決といえるだろう。

前出の千田稔は、山県が責任を問われなかったことについて、「何十万の金額以上に、その後の陸軍にとって真の『損失』をもたらし、今日に至るまで、健全な近代国家の発展過程に、癒やしがたい病理を刻印してしまった」と指摘する。

官民汚職事件の原点とされる山城屋和助事件。これによって生じた損失は公金であり、最終的には国民が被った。山城屋和助を責めるのは容易であり、自業自得との見方も当然ではある。しかし、こうした政商を生み、賄賂や過剰な接待を受けていた山県らが大きな処分を受けなかったことが、現代でも汚職事件が横行する一因になっているというわけだ。息絶えている和助を見た陸軍省幹部は、「腹の切りやうは立派である。嗚呼残念な事を致したなう」と涙をこぼしたと伝えられている（『商界奇傑 山城屋和助』）。

和助が残した辞世の句が伝えられている。

世の中に　その名も高き山城屋　開けて御代の土とこそなれ

和助の命日には、必ずと言ってよいほど、一人の紳士が墓参りに訪れていたという。山県有朋だといわれているが、その真偽は不明である。

Chapter 3

転落した天才に学ぶ「マネーのトリセツ」

Case 7

ジョン・ロー
史上最大のバブルを仕掛けたギャンブルの奇才

写真: Roger-Viollet/アフロ

❖ヴェネチアでの客死

一七二九年三月二一日、男はイタリア・ヴェネチアで五十八年の生涯を終えた。

男はかつてフランスの「財務大臣」と「中央銀行総裁」、そして巨大国営企業のトップを兼任する経済界の支配者だった。パリ中心部にあるヴァンドーム広場の三分の一は男のもので、この他にも数多くの不動産を保有する大金持ちでもあった。

我が世の春を謳歌していた男だったが、ある日突然にフランスを追われ、放浪の末にヴェネチアにたどり着いた。死期が迫る中、男は遺言状を作るようにと促された。しかし、「自分の財産は全てフランスにあって、債権者に差し押さえられている。遺言状を作っても無意味だ」と語ったという。

男の名前はジョン・ロー(John Law)。その経済政策は窮地にあったフランス経済を劇的に回復させると同時に、数多くの大金持ちを生み出した。「ミリオネア」という言葉が誕生したのもこのときで、ローの経済政策の恩恵を受けて、大金持ちになった人々を呼ぶためのものだった。

しかし、ローとミリオネアたち、そしてフランス国民も突如として奈落の底に突き落とされる。ミリオネアたちは全財産を失い、経済は大混乱に陥り、非難の的となったローはフランスを逃げ出したのであった。

ミリオネアを生んだ経済政策とは何なのか。なぜ、人々は奈落の底に落とされることになったのか。一度はフランス経済を支配し、巨万の富を獲得した男は、どのような失敗を犯して、一文無しで生涯を終えることになったのだろう。

❖お尋ね者がつかんだ栄光

一六七一年四月二十一日、ローはイギリス（スコットランド）・エディンバラの裕福な金匠（Goldsmith Banker：金を扱う金融機関の一種）の家に生まれた。

中等学校に入る直前に父親は他界するが、ローは巨額の遺産を相続し、ロンドンに出て放蕩三昧の生活を始める。長身で端正なマスク、愛想が良くて会話も知的だったローは、上流階級の貴婦人たちと浮き名を流す一方で、ギャンブルに興じる日々を送った。

しかし、程なくしてローはギャンブルに大負けして破産してしまう。更に一六九四年四月、ローは女性を巡ってある男と決闘して刺し殺してしまった。殺人罪で死刑判決を受けたロー。人生もこれで終わり…と思われたが、ローは仲間の手助けを受けて脱獄に成功する。看守を薬で眠らせ、密かに持ち込んだノコギリで窓の鉄格子を切断し、窓から飛び降りて待機させていた馬車に飛び乗って、逃げ去ったという。（＊1）

「キャプテン・ジョン・ロー、スコットランド人、殺人の罪で最近まで当王座裁判所の監獄に収容中の囚人。年齢二六歳。背が非常に高く色黒、やせぎすで姿勢よき男……この者当監獄より脱走。右の男を捕らえて当監獄に引き渡す者に対して、即刻五〇ポンドの賞金を与える」

各地に配られた手配書をあざ笑うかのように、「お尋ね者ロー」は完全に姿を消してしまう。それから二十年が経過した一七一四年、ローは突如としてフランス・パリに現れた。「お尋ね者」ではなく、大金持ちで、フランス政府が信頼を寄せる気鋭の経済学者としてだ。

ローは逃亡生活の間に、独自の確率論を駆使したギャンブル勝利法を会得し、各地の賭博場を渡り歩いて大儲けしたという。その経験と理論を基に、言葉巧みにフランス政府に、独自の経済政策を売り込んだのだ。

当時のフランスはルイ十五世が王位を引き継いだばかり。政府は度重なる戦争と王室の浪費で財政難に喘ぎ、経済は深刻な不況に陥っていた。ところがローは、この危機的な状況を改善する経済政策があると、ルイ十五世の摂政だったオルレアン公フィリップに持ちかけたのだ。

ローはフランス経済が「デフレ状態」にあると考えていた。当時のフランスの貨幣システムは、政府の管理下にある正貨(金貨と銀貨)を使ったもの。政府が財政難になれば、必然的に貨幣の流通量が減少する。これによって物価が下落し、収益の悪化から消費が低迷し、これが景気を悪化させて所得が減少し、更なる物価下落と消費の低迷を生む。当時のフランスは、典型的なデフレ不況に陥っていたのである。

デフレ対策には、どんどん紙幣を刷って貨幣供給量を増やす金融緩和政策があることは、今なら誰でも知っているだろう。ところが、当時のフランスは紙幣が存在していなかった。あるのは自由に増やすことができない正貨だけであり、金融緩和政策の概念すらなかったのである。

では、どうすればよいのか。ローの答えは簡単だった。紙幣を発行する制度を作ればいいと考えたのだ。

❖中央銀行を創設したロー

ローは摂政オルレアン公フィリップから、紙幣となる銀行券が発行できる「バンク・ジェネラル」の設立許可を得た。この銀行はローが保有していた正貨を元手に設立されたもの。

バンク・ジェネラルが発行する銀行券は、求められればいつでも正貨に戻すことが約束された「兌換紙幣」だったため、高い信用力を得ることができた。

更にローは政府に働きかけて、この銀行券で納税が可能になるようにし、貿易取引の決済にも使えるようにした。度重なる改鋳で金や銀の含有量が低下し、価値が低下していた正貨に嫌気がさしていた人々は、使い勝手の良いローの銀行券を大歓迎した。一七一六年五月に設立されたバンク・ジェネラルが発行する銀行券は瞬く間に普及し、これによって貨幣供給量が大幅に増加する。フランス経済を苦しめていたデフレは解消に向かい、景気は驚異的な回復を見せた。ローは「金融緩和策の発明者」であり、人類史上初めてこれを実施して、フランス経済を救った「天才」だったのだ。

絶大な信頼を勝ち取ったバンク・ジェネラルは、一七一八年に国有化され、「バンク・ロワイアル」となる。「お尋ね者」だったローは、自らの手で「中央銀行」を創設して「総裁」に就任したというわけだ。しかし、ローの金融緩和策には限界があった。銀行券が兌換紙幣であったため、保有している正貨以上の発行ができなかったのだ。

そこでローは次のステップへ踏み出す。ローは銀行券を正貨の交換を保証しない「不換紙幣」に変えたのだ。これによってバンク・ロワイアルは、正貨保有量に関係なく、好きなだけ銀行券を発行できるようになる。正貨という後ろ盾を失ったものの、バンク・ロワイアルが発行する銀行券の信用力が揺らぐことはなかった。銀行券が更に発行されたことで金融緩和策が強化され、フランス経済はより一層の好景気に沸き立つことになる。

❖究極の財政赤字削減策

ローは膨大な財政赤字の削減にも取り組んだ。「ミシシッピ会社」という国営企業を創設、その株式を売り出すことで財政赤字を埋めようと考えたのだ。（＊2）

ローは政府に働きかけて、当時のフランスが所有していた、ミシシッピを中心とするアメリカ植民地の開発や貿易の権利をこの会社に集約した。目玉の事業は「金の採掘」。ミシシッピには金鉱があり、株式を購入した人には大きな利益がもたらされると宣伝したのだ。

更にローは、ミシシッピ会社の株式を購入しやすくするために、購入代金を国債で支払えるようにした。これは現代の「債務の株式化」(Debt Equity Swap)の原型となる手法だ。債務の株式化は、銀行などが保有する貸出債権を、その会社の株式と交換するというもの。これによって借金の負担が軽減され、経営再建が進めやすくなる。

しかし、債務の株式化は大きなリスクを伴う上に、法律上の制限もあったことから、日本で本格化するのは二十一世紀に入ってからのこと。ダイエー（二〇〇二年）やシャープ（二〇一五年）など、巨大企業の経営再建で適用されるようになった高度な手法なのだ。現代の最先端の再建手法を先取りするようなアイデアを考案し、財政赤字で苦しんでいたフランス政府に適用したロー。ミシシッピ会社の株式が売れれば売れるほど、政府の財政赤字は減少していくという妙案だったのだ。

❖ バブルがやってきた

売り出されたミシシッピ会社の株式は、投資家の大きな人気を集めた。当時の国債は返済されるはずなどないという思惑から、額面五百リーブルの国債が、百五十〜百六十リーブル程度の安値で取引されていた。そこでローは、ミシシッピ会社の株式を国債で購入する場合には、額面の五百リーブルで引き取るとしたのだ。

ここからバブルが発生する。

「価値の下がった国債で、金鉱を持つミシシッピ会社の株式が買える！　しかも額面価格で！」と投資家は大喜び。額面五百リーブルだったミシシッピ会社の株価は、一七一九年の十二月には一万リーブルを突破する大暴騰を演じる。

ミシシッピ会社の株式を買ったことで、一夜にして大金持ちになった人が続出する。「ミリオネア」と呼ばれるようになった彼らは、儲けたお金を不動産や宝石、貴金属などへ投資したため、それらの価格も三倍、四倍と跳ね上がった。大きな資産を手にした人たちのために、外国から彫刻やタペストリーなどの高級品が大量に輸入されると、これらもあっという間に買い手が付いたという。

ミリオネアになりたいと押し寄せた人々で、ミシシッピ会社の株式が売買されていたカンカンポア通りは、連日大混雑となった。一千リーブル程度だった周辺のアパート家賃は、一万二千から一万六千リーブルまで跳ね上がり、靴店は店内で椅子や筆記用具を提供する「貸しオフィス」で大儲け、猫背だった男は背中を机代わりに使わせるだけで稼ぐことができたという。

ミシシッピ会社の株価暴騰に呼応する形で、銀行券の発行も急増していった。当初は五千万リーブルに制限されていた銀行券の発行残高は、一七二〇年五月には二十六億九千六百万リーブルに膨れ上がった。これが株式市場へ流れ込んだ結果、更なる株価上昇を生み、銀行券の増発を招くというスパイラルを生み出す。

景気回復も目覚ましく、高価な絹織物やレースなどは生産が追いつかず価格は数倍に跳ね上がる。食料品や衣料品の価格も急上昇、賃金も跳ね上がり、住宅の建設ラッシュも起こっていた。

その一方で、ミシシッピ会社の株式が飛ぶように売れたことから、政府の財政赤字も激減していった。「ロー・システム」と呼ばれた「中央銀行」と「巨大国営企業」のコラボレーションであった。ミシシッピ会社は明らかに過大評価されていたが、株価暴騰に浮かれていた人々にとっては、どうでもよいことだったのだ。

景気回復と財政赤字削減を成し遂げたローは、一七二〇年一月に財務総監に任命される。首相の地位に匹敵する要職だった。「財務大臣」、「中央銀行総裁」、そして巨大国営会社ミシシッピ会社のトップを兼任する「経済界の巨人」が誕生したのだ。

各地に広大な地所を所有するなど、ローの個人資産も膨れ上がった。貴族の称号を与えられたローは、その端正な姿と相まって社交界の花形となる。

「お尋ね者」として追われていた男が、流れ着いたフランスで銀行を設立してから、わずか三年でつかんだ栄光であった。

❖バブルの崩壊とローの破滅

ロー・システムがもたらした華々しい成果に政府は狂喜し、フランスは諸外国の羨望の的となった。しかし、その成果はバブルがもたらした一時的なものであり、その崩壊は驚くほど早く始まるのである。

「ローの銀行券って、本当に信用できるの？」「いざとなったら、本当に金貨か銀貨に換えてもらえるの？」

「ミシシッピ会社って、何をする会社なんだっけ？」「金を採掘するって言っていたけど、金は出たんだっけ？」

ロー・システムの崩壊は、こうした素朴な疑問から始まった。一部の貴族たちが、銀行券をバンク・ロワイアルに持ち込んで、金貨や銀貨に交換をし始める。これを知った他の人々も不安心理に駆られ、我先にと銀行券を正貨に交換しようとした。「取り付け」が起こったのだ。

しかし、バンク・ロワイアルが発行する銀行券は不換紙幣であり、その全てを正貨に交換することは到底できない。一七二〇年七月、バンク・ロワイアルは、正貨への交換を求める人々の激しい取り付けに対応できずに大混乱となり、十五人もの死者が出る事態となる。激怒した七千人を超える人々が、担架に乗せた遺体と共にパレ・ロワイヤルの庭園までデモ行進し、ローやオルレアン公フィリップに惨状を見せつけようとした。ローが乗っていた馬車を破壊するなど、群衆の一部が暴徒化したことから軍隊が出動、オルレアン公フィリップが出てきて、遺体を責任を持って埋葬すると約束したことでようやく沈静化した。

バンク・ロワイアルの取り付けに合わせるように、ミシシッピ会社の信用も急速に失われ、株価の急落が始まった。少し前まではミシシッピ会社の株式を手に入れようと血眼になっていた人々は、大慌てで売り始め、本当に価値がある金貨や銀貨を手に入れようとしていた。

こうした状況を見たローは、驚きの株価対策を打ち出した。パリにいた数千人ものホームレスを集め、シャベルなどの道具を持たせて港まで行進させたのだ。「ミシシッピに金が見つかりました。これから掘りに行きます！」と、開発が順調であることをアピールし、信用を取り戻そうとしたのである。ところが、ホームレスたちは途中で行進を止めて逃げだし、渡されていた道具は換金されてしまった。ローの弥縫策はミシシッピ会社の惨状を物語るものであり、その信用は更に失われる事態となった。
ローはその後も様々な株価維持策を打ち出したが効果は全くなく、むしろ株価の下落を加速させてしまう。一七二〇年一月に最高値の一万八千リーブルをつけていたミシシッピ会社の株価は、十月には二千リーブルにまで大暴落し、株式市場は人々の阿鼻叫喚で覆われた。バンク・ロワイアルの銀行券の信用も完全に失われ、誰も受け取ろうとはしなくなったため、経済取引は元の金貨と銀貨の取引に逆戻りしてしまう。ロー・システムは完全に崩壊し、フランス経済は未曾有の大混乱に陥ったのである。

このときの状況を風刺した詩が残されている。

月曜日には株を買い、
火曜日には大儲け。
水曜日には家財道具をそろえ、
木曜日には身なりを整えた。
金曜日には舞踏会、

そして土曜日には病院行き。

一七二〇年十二月、死刑を求める民衆の叫び声に生命の危険を感じたローは、命からがらパリを脱出する。財産の大半はフランス国内の不動産であったこともあり、持ち出すことはできなかった。ローの出国後、保有していた不動産などは全て没収され、残された妻子は年金証書まで取り上げられてしまったという。

再びお尋ね者となったローは、ベルギーのブリュッセル、ドイツのハノーバー、デンマークのコペンハーゲンなど、およそ八年もの間ヨーロッパ各地を転々とした。そして、たどり着いたヴェネチアで死を迎えたのだった。

その墓碑銘にはこう記されていた。

高名なるスコットランド人、ここに眠る。
計算高さでは天下一品、
訳の分からぬ法則で、

フランスを病院へ送った。

人類史上初めてとなる金融緩和策を、「訳の分からぬ法則」と批判されたロー。失われた栄光を取り戻すことなく、フランス経済の破壊者という汚名を着せられたまま、生涯を終えることになってしまったのである。

失敗の本質

リフレ政策の発明者、バブルに飲まれる

ジョン・ローは驚くほど短期間にフランス経済を回復させた。ところが、その状態を維持できず、更に深い傷を負わせることになってしまう。その原因はローが自ら発明したリフレ政策の制御に失敗したことと、それによってバブルを発生させたことにある。

失敗の本質① デフレ対策が暴走

ローが打ち出した金融緩和政策は、大量の紙幣を発行して意図的にインフレを起こすリフレーション、いわゆる「リフレ政策」だ。

物価を建物の「室温」と考えるとインフレは「異常な高温」、デフレは「異常な低温」と考えられる。当時のフランスは深刻なデフレ状況にあり、冷え切った部屋で経済活動が鈍り、国民は凍死寸前に追い込まれていたのだ。

そこでローは、部屋を暖めるための政策を打ち出した。それがリフレ政策だ。バンク・ロワイアルを通じて、紙幣である銀行券を大量に発行し、それを燃料にした「たき火」を始めたのだ。売り出したミシシッピ会社の株価が急上昇、これに対応するための紙幣発行が増加したことで、火の勢いは更に強まる。ロー・システムを使ったリフレ政策によって、フランス経済の室温は瞬く間に上昇、見事にデフレを克服してみせたのだ。

ところが、ローはやり過ぎてしまう。デフレが克服された後もリフレ政策を継続した。これが必要以上の紙幣が供給される「過剰流動性」を招く。行き場を失った紙幣は、株式市場を始めとした資産市場に流れ込み、ミシシッピ会社の株式を中心とした資産価格を押し上げてバブルを生み出したのだ。膨れ上がったバブルは遂に破裂して、経済は大混乱に陥ってしまう。部屋が十分に暖まったにもかかわらず、大量の燃料を供給し続けた結果、たき火がバブルとなって爆発し、フランス経済を炎上させてしまったのだ。

「ローがもしそこに留まっていたならば、彼は銀行業の歴史にささやかな貢献をしたという程度に記憶されただろう」と指摘するのは、経済学者ジョン・ガルブレイス。ローはデフレが解消された時点で「留まり」、リフレ政策を収束させるべきであったのだ。

経済学者の北村行伸はローのリフレ政策について、「マクロ経済政策として必要なのは、金融政策の独立した拡張的リフレ策ではなく、実体経済活動を促進するための資金の確保と、実体経済活動の中での資金の適切な配分を行う金融仲介にある。それがうまく機能しないと、特定の資産への資金が集中してバブルが生まれる」と指摘する。

ローが発行を続けた銀行券が、企業の設備投資などの経済活動のために使われていれば問題は起こらなかった。しかし、「資金の適切な配分」ができなかったことから、ミシシッピ会社の株式という「特定の資産」に集中し、バブルを生み出してしまったというわけだ。

ロー・システムを駆使して、人類史上初めてとなるリフレ政策を断行、フランス経済を立ち直らせたロー。しかし、その後は制御に失敗してバブルを生み出し、その崩壊が経済を破壊してしまった。これがローの失敗の本質なのである。

失敗の本質② 政治的圧力に負けてコントロールを失う

ジョン・ローのリフレ政策によってもたらされたミシシッピ会社の株価暴騰は「ミシシッピバブル」と呼ばれ、オランダの「チューリップバブル」、イギリスの「南海泡沫バブル」と並ぶ世界三大バブルの一つに数えられている。しかし、その規模と影響の大きさにおいて、ミシシッピバブルは、ずば抜けて巨大なバブルであったといえるだろう。

バブルは崩壊する運命にあることは、今でこそ多くの人が認識している。しかし、当時は「バブル」という言葉すらなかった時代であり、こうした知見も経験も乏しかった。人々は知らず知らずのうちに、バブルの熱狂の渦に巻き込まれてしまったのである。

ロー自身はその危険性を認識していた。ミシシッピ会社の株価上昇に危機感を持ったローは、株価抑制策を数度にわたって打ち出している。

その一つが「プレミアム」の販売だ。株式を購入できない人のために、株式購入の権利だけを売るという現代のオプションに類似したデリバティブ商品で、株式の追加発行に代わる手段として販売したのだ。ところが「プレミアム」は、権利だけではあっても、わずかな金額で購入できることから、その価格は販売直後に二倍に跳ね上がり、結果的に株価の上昇に拍車をかけてしまった。

ローは紙幣を発行しすぎると、信用力が低下することも認識していた。設立当初のバンク・ロワイアルは、銀行券を保有している正貨の範囲に収める兌換紙幣とすることで、発行の上限を設定していた。「紙幣を良質の硬貨で償還するのに十分な支払い準備を保有しない銀行家は死に値する」。そんな信念を語っていたというロー。これが守られていたからこそ、人々は紙切れにすぎないローの銀行券に資産価値を認めていたのだ。

もし、ローが兌換紙幣にこだわり続けていれば、過剰流動性が生まれることはなく、バブルが発生することも、銀行券の信用が失われることもなかっただろう。しかし、兌換紙幣に固執し続ければ、経済成長の足かせになることも事実であり、いずれは不換紙幣に移行せざるを得なくなる。

そこで重要になるのが紙幣発行量の調整、つまり金融政策だ。経済の成長に合わせて適切な紙幣の発行量を維持し、過剰流動性を生まないように金融政策を遂行してゆく。

これを実現するためには、紙幣を発行する中央銀行の独立性が求められる。政府は景気対策や財源の確保など目的から、紙幣の発行量を増やすことを求めてくることが多い。しかし、これに安易に応じると、過剰流動性が生まれて、インフレ、さらにはバブルを生み出す恐れがある。こうした事態を避けるために、中央銀行は確固とした独立性を持つことが必要となるのだ。

中央銀行総裁であったローは、この独立性を守ることができなかった。バンク・ロワイアルの成功に気をよくしていた政府は、ローに更なる銀行券の発行を迫った。ローはこの圧力に耐えきれず、不換紙幣に切り替えた上に、銀行券の大量発行に踏み切ってしまう。この結果、銀行券の信用力が失われると同時に、巨大なバブルが生み出されてしまったのである。

しかし、ローはリフレ政策や債務の株式化を発明した天才であったことは間違いない。ドイツの経済学者で、優れた洞察力で知られるジョセフ・シュンペーターも、「あらゆる時代の貨幣理論家のなかで、最上の貨幣理論を構築した人物である」と、ローに賛辞を送る。また、新古典派経済学の基礎を築いた経済学者アルフレッド・マーシャルも、「向こう見ずで、並外れた、しかし最も魅力的な天才」と、ローを高く評価しているのだ。

リフレ政策という画期的な金融緩和策を編みだしたものの、そのコントロールに失敗して沈んでしまったジョン・ロー。あまりに惜しまれる天才の過ちであった。

❖ローの過ちに学ばない人々

ローが作り出した人類史上最大のバブルであるミシシッピバブルだが、人類は同じような失敗をその後何度も繰り返してきた。一九二九年の「暗黒の木曜日」で破裂したアメリカの株式バブルは、全世界を巻き込む大恐慌を招いた。その後もＩＴバブルなど、人類は幾度もバブルを生み出し、その崩壊によって辛酸を嘗めてきた。

一九八〇年代後半、プラザ合意に伴う急激な円高による景気悪化に対応して、日本銀行は通貨供給量を急激に増やす金融緩和政策を展開した。あふれ出したマネーは、株式や不動産に流れ込み、価格を押し上げていった。その象徴が政府が売り出したＮＴＴ株の株価暴騰だった。バンク・ロワイアルを日本銀行に、ＮＴＴをミシシッピ会社に置き換えれば、その構図が全く同じであったことが分かる。また、政府がＮＴＴ株式の売却代金を、歳入の足しにした点でも同じといえるだろう。

日本のバブルが膨らみ始めたとき、ミシシッピバブルを想起し、ローの二の舞いになることを恐れた人はどれほどいたのだろうか。当時の大蔵大臣や日本銀行総裁ら政策責任者は、ローの失敗を知っていながら、同じ過ちを繰り返してしまったのだろうか。

もし、政府が意図的にバブルを引き起こしていたとすれば、それは大変に狡猾な手段であったといえるだろう。実はミシシッピバブルの崩壊で、最も恩恵を受けたのはフランス政府だった。巨額の国債残高に苦しんでいた政府は、ミシシッピ会社の株式に転換することでその残高を劇的に減らすことに成功する。政府の借金を肩代わりさせられたのが、ミシシッピ会社の株式を購入した人々だった。彼らは国債という形で政府に貸していたお金を返済してもらう代わりに、ミシシッピ会社の株式を受け取った。その株式が暴落して紙くず同然になったことで、結果的に政府の借金を肩代わりさせられたのである。

「バブルの恩恵を一番受けたのは誰だと思う？　それは政府だよ」。こう語ったのは、筆者がテレビ局で記者をしていた時代に知り合った大蔵官僚だ。バブル景気のおかげで所得税や法人税、固定資産税などの税収が急増したことで、一九九一年度からの三年間は赤字国債の発行がゼロになっている。大蔵省がローと同じく、財政赤字削減のためにバブルを起こしたのかと疑いたくもなる。

ジョン・ローはギャンブルの天才であった。「儲けたい！」という人の心理を巧みに読み取り、確実に勝利をものにしてきたのだ。そのローが仕掛けたとてつもなく大きなギャンブルがロー・システムであり、ミシシッピバブルだったのかもしれない。しかし、その目論見は外れてしまい、フランスに深い傷跡を残すこととなった。

デフレ不況が長引く日本では、ジョン・ローのようにリフレ政策、さらにはバブルを起こしてその解消を図るべきとの声もある。確かにバブルはデフレ解消効果を持っているし、財政赤字を削減することも可能だ。しかし、その制御は極めて難しく、最後はバブルが破裂して、より大きな経済的混乱を招く恐れが極めて高いといえるだろう。

ジョン・ローの亡霊は、今も世界各地に出没し、人々の心を惑わせようとしているのである。

＊1　ジョン・ローの決闘のエピソードは、創作であるとする説もある
＊2　ミシシッピ会社の正式名称は「西方会社」。のちに「インド会社」となる

Case 8

岩本栄之助

寄附で名を馳せた大阪商人
相場の罠に落ちる

大阪市 提供

❖秋晴れの日曜日に

一九一六(大正五)年十月二十二日、その日の大阪はすがすがしい秋晴れとなった。

この日、男は自身が経営している店の従業員四十人ほどを引き連れて、京都・宇治に松茸狩りに行く予定であったという。ところが、当日になると、気分がすぐれないと店に残り、午前中は書類を整理したり、庭で燃やしたりして過ごした。午後になると理髪店で散髪をしてもらい、人力車を呼んで親戚の家をいくつか訪問し、三越呉服店で写真を撮影してもらう。その途中で男は、中之島の「大阪市中央公会堂」に立ち寄った。ネオ・ルネサンス様式の大建築は「大阪のシンボル」として今も多くの人々に親しまれているが、当時はまだ建設中であった。

夕食は妻と差し向かいで食べたという。いつもは三杯までと決めているご飯を、「今晩はおいしい」と五杯も平らげる。それから、「『オイッチ、ニ。オイッチ、ニ…』と軍隊口調の号令をかけながら、二階の渡り廊下を歩いて奥の茶室に入りました」と、妻は後に語っている。異変が起こったのはその直後だった。「『ズドン!』と大きな音がして…」と妻が駆けつけると、男は首から血を流し、机に伏せっていたという。ピストル自殺を図ったのだ。

「仲買人自殺を図る=株式大失敗の結果」と、二十四日の東京朝日新聞は大きな見出しでこれを伝えた。男の名前は岩本栄之助、大阪・北浜で株式の仲買をする「岩本商店」の経営者だった。新聞は更に「大阪市に百萬圓《ひゃくまんえん》を寄附して公会堂建設の資となし一時に其名《その》を知られたる…」と続ける。栄之助が自殺を図る直前に立ち寄った大阪市中央公会堂は、その寄附によって建設が進められていたのだった。

寄附を決めたのは、栄之助が三十四歳の時だ。若くして大金持ちとなった上に、巨額の寄附をしたことで、栄之助は「大阪商人の鏡」と賞賛を受けていた。その栄之助が自殺を図ったのは、寄附の表明からわずか五年後のこと。喉を撃ち抜いていた栄之助には、懸命の治療が施されたが、二十七日に息を引き取った。その死を伝える新聞記事には、自殺直前に撮影した写真が「遺影」として使われていた。

「株式大失敗」とはどんな失敗だったのか。避ける方法はなかったのか。人々の尊敬を集めていた岩本栄之助は、なぜ悲劇的な最期を遂げることになったのだろう。

❖「義侠の相場師」の誕生

岩本栄之助は一八七七（明治十）年四月二日、大阪・南船場の両替商「銭屋」の二男として生まれた。父の栄蔵は二十歳で和歌山県から大阪に出て、蝋の行商でお金を貯めて「銭屋」を開業する。栄蔵は株式相場にも手を出し、松方デフレで低迷していた大阪商船などを「いずれ反発する」と大量に買い込む。これが見事に当たって大儲け、銭屋は大きく成長した。

栄之助は早くから家業を手伝う一方で、大阪市立大学の前身である大阪市立商業学校を卒業し、日露戦争に従軍する。児玉源太郎大将の副官を務め、遼陽や沙河の会戦、奉天総攻撃などの激戦をくぐり抜けた栄之助。「軍人にならないか?」という児玉の誘いを断り、一九〇六(明治三十九)年に、早死にした兄に代わって銭屋を引き継いだ。

このとき、株式市場はバブルとも呼べる活況を呈していた。政府が「南満州鉄道」の株式を売り出すと、九万九千株に対して一億六百七十三万株もの応募があり、一千七十八倍もの競争率になる。これが引き金になって株式市場が急騰し、「成金」と呼ばれる人たちが次々に現れた。こうした流れに栄之助も乗ってはいたが、冷静さを失うことはなかった。礼儀正しくて温厚、学究肌だった栄之助は、いわゆる「株屋」とは一線を画し、「岩本商店」と名を変えた店を着実に経営していったのだ。

❖ 株仲間を救った「ドテン売り」

栄之助の名前が広く知れ渡ることになったのが、大阪株式取引所の株式を巡る「兜町」と「北浜」の戦いだった。

栄之助が家督を引き継いだ直後の一九〇六(明治三十九)年五月、百五十円だった大阪株式取引所の株価は、翌年一月には七百七十四円にまで急騰した。

買方は東の兜町の仲買人たち、これに対して西の北浜の仲買人たちは売方に回っていた。「いつまでも続かない。いずれ暴落する」と思って、空売りを仕掛けていた北浜の仲買人たちだったが、思惑に反して株価の上昇は止まらず、膨れ上がる損失に破産寸前となっていた。その中の一人が野村信之助、後に野村財閥を築き上げる二代目野村徳七だ。

損失が発生した際に請求される追加証拠金(追い証)から逃れるために、「人力車に乗って身を隠し、大阪の町をあてもなく回って過ごした」という信之助は、大阪市立商業学校時代からの知人であった栄之助に、仲買人仲間を連れ立って助けを求めた。

岩本家は元からの大阪株式取引所の大株主で、今回の株価暴騰で大いに潤っていた。野村はそんな栄之助に、持ち株を手放して売方に回って株価を下げ、自分たちを助けてほしいと頼み込んだのだ。株価が勢いよく上昇を続ける中、せっかく有利だった買方から売方に転じれば、利益を吐き出すだけではなく、損失につながる恐れもある。

信之助たちの身勝手な願いに、栄之助は長い沈黙の後で「よろしゅうおす」と同意する。「父親の代からお世話になっている皆さんへの恩返しだと思って協力しましょう。結果はどう転ぶやら分かりまへんが、売って、売って、売りたたきまひょ」と。

一月二十一日、栄之助は猛烈な売り攻勢に転じた。持ち株を売り尽くすと、空売りまで仕掛けて大阪株式取引所の株を売り叩いてゆく。この動きを見て、買方だった他の仲買人たちも一転して売方に回る「ドテン売り」に出る。これによって株価は値崩れを起こし、十一月には九十二円にまで下落した。この結果、野村をはじめとした北浜の仲買人たちは、九死に一生どころか、軒並み大きな利益を上げることができたのだった。

栄之助は「義侠の相場師」と称えられ、その名を北浜のみならず、兜町にも轟かせた。しかし、この売り攻勢で栄之助自身も大儲けしていた。結果的に保有している大阪株式取引所の株式を最高値圏で売り抜き、さらには空売りまで仕掛けたのだから当然のことだ。

若くして名声と富を手にした栄之助は、一九〇九（明治四十二）年八月、渋沢栄一を団長とする渡米実業団に選出されて横浜港を出港した。時に栄之助三十二歳、東京商業会議所会頭の中野武営、東武鉄道社長の根津嘉一郎や川崎造船社長の松方幸次郎など、日本を代表する大物財界人たちの中にあって、ひときわ若い参加者であった。

シアトルを皮切りにアメリカ各地を視察しながら大陸を横断した栄之助は、ニューヨークのカーネギーホールを訪問した。実業家のアンドリュー・カーネギーが私財を投じて完成させた音楽の殿堂だ。栄之助は積極的に社会貢献するアメリカの実業家の姿勢に強い感銘を受け、自らも慈善事業に力を注ぐ決心をする。

「何しろ儲かるばかりときまっていない商売だ。いつ何時一文無しになるか知れないから、盛んな時に何か公共事業の為に、相当なことをしたいと思っている」

一九一一（明治四十四）年三月八日、栄之助は父親の遺産と合わせて百万円、現在の貨幣価値で数十億円にも相当する大金を、大阪市に寄附すると発表した。「百万円の寄附　大阪岩本氏の美挙」（三月十日付 東京朝日新聞）と賞賛された栄之助は、その使い道について有識者などと話し合いを重ねる。母親の「どなたさまにも機嫌よう使ってもらうものがよろしい」という助言や、渋沢栄一の「国運発展上に貢献すべき事業」などの意見を勘案した栄之助は、寄付金で市民が等しく利用できる公会堂を建設することとした。

建設が始まった大阪市中央公会堂を毎日のように見に行き、完成を心待ちにしていたという栄之助。しかしこの時まさに、破滅へのカウントダウンが始まっていたのだ。

❖「株式大失敗」への道のり

「不思議な事には、公會堂《こうかいどう》の寄附が彼の最も得意の絶頂で、百萬圓《ひゃくまんえん》を提供すると殆《ほとん》ど同時といっていいくらいに、俄然《がぜん》失敗の道に踏み入ったことである。だから公會堂の寄附は、恰度《ちょうど》得意と失意との境目を、ハッキリと経歴に筋を引いている如《ごと》く見えるのは、何んだか因縁事のようにも思はれる」――こう記すのは「薄命児岩本栄之助」。昭和初期に刊行された『明治大正実話全集』の第五巻、『財界興亡実話』に収められた一篇だ。

新聞の訃報記事に記された「株式大失敗」のきっかけは、岩本栄之助が取り組んだ大阪株式取引所の改革にあった。巨額の寄附で世間の耳目を集めていた頃、大阪株式取引所には様々な問題が発生、その人望を買われた栄之助が改革を託される。栄之助は発言力を高めるために、株式を大量に買い付けて大株主になった。

ところがこの時、株式市場は景気後退の影響などで大きく下落していた。買い付けた大阪株式取引所の株式も値下がりし、大きな損失を出した栄之助だったが、「どこまでも買いの一手で押し切ろう」と、他の株式も含めて買い向かった。

北浜の仲買人たちが「無茶だ」「狂気の沙汰だ」という中で強気を続けた栄之助。しかし、その後も損失が膨らみ続けたことから、栄之助は損切りを決断する。全ての取引を清算し、相場の世界からも足を洗ってしまった。相場に失敗はつきものであり、このときの栄之助は冷静な判断を見せたのであった。

❖残されていた相場への未練

一九一三（大正二）年十二月、栄之助は大阪電燈会社（関西電力の前身）の取締役に就任し、その運営に力を注いだ。株式投資という「虚業」から、会社の経営という「実業」の世界に転じたのだ。「この時を限りにして、株式界を隠退してしまへば、後に起《おこ》るやうな凄惨な事件はなかつたであらう」と「薄命児岩本栄之助」は記す。しかし、過去の成功体験が忘れられなかった栄之助は、相場の世界に未練を残していた。

返り咲きの機会を窺っていると、下落を続けていた株式市場が、第一次世界大戦の勃発に伴う戦争景気を反映して、急速に反転し始める。株式市場に戻ることを真剣に考え始めた栄之助の背中を押したのが、「日本資本主義の父」と呼ばれていた渋沢栄一だった。

一九一五（大正四）年十月、大阪中央公会堂の定礎式典に列席していた渋沢に胸の内を明かすと、「大いにやってみるがよい」と激励される。意を決した栄之助は、十二月に大阪電燈会社の取締役を辞任し、相場の世界に舞い戻ったのだ。

これまで強気一点張りだった栄之助だが、前回の失敗に懲りたのか「今度は売りだ。売りの一本槍だ」と売方に回った。第一次世界大戦に伴う好景気で株価も上昇しているが、「こんな状態が続くはずはない。やがて戦争は終わり、今度はその反動がきて株価は暴落する」として、敢然と売り向かったのだ。北浜には「人の行く裏に道あり花の山」という相場の格言がある。「大衆が買いに出るなら、玄人は売りに出るべきだ」というわけだ。

徹底した売り攻勢に出た栄之助は、一時的な株価下落で利益を上げた。ところが、一九一六(大正五)年六月頃から、株価は再び暴騰していく。本格的な「大戦景気」が到来し、株価もこれに乗じて爆発的な上昇を見せたのだ。

売り向かっていた栄之助の損失は雪だるま式に拡大、これまで蓄えてきた資産の全てを吐き出し、ついには追い証の支払いにも窮することになる。見かねた周囲が「寄附した百万円の一部でも返して貰ってはどうか?」と助言したが、「一度寄附したものを返せというのは大阪商人の恥」として、頑なに拒んだという。

結局、栄之助が期待していた株価の暴落は遂に訪れなかった。「人の行く裏に道」があっても、「花」はなかったのだ。「百万円を寄附するほどの人だ、絶対に間違いはない」という、信頼を寄せた顧客から預かった資金も使い果たしてしまう。

莫大な損失を抱えて追い詰められた栄之助だったが、全てを明らかにして許しを請うことなどプライドが許さなかった。
「どうしても死なねばならぬ。生きて死に勝る物笑いをうけることは、どうしても堪へられない。自殺は臆病者の選ぶ卑怯な手段には違ひないが、責任を感じた言訳にはなるであらう」と、「薄命児岩本栄之助」はその心情を推測する。

ピストル自殺を図った栄之助の傍らには遺書があった。

「全財産を債権者に提供。妻子のためには一文たりとも使ってはならぬ」
「株式投機は自分一代に限り、子孫は決してすべからず」

巨額の寄附を表明してから五年余り、全財産を失い借金まで抱えてしまった岩本栄之助は、自らの手でその人生にピリオドを打ったのである。

失敗の本質

ニュートンも陥った相場の罠

「私は天体の動きは計算できるが、人々の狂った行動は計算できない」

これは天才科学者アイザック・ニュートンが、株式市場について語った言葉だ。ニュートンが生きた時代、イギリスでは株式市場が急速に発達し、多くの人々が売買に熱中していた。このときに発生したのが「南海泡沫事件」だ。

一七二〇年、政府が売り出した額面百ポンドの「南海会社」の株式が爆発的な人気を集め、八月には一千ポンドを突破する暴騰を見せる。この動きに乗じようと、実態のない会社の株式が次々に売り出された。「泡沫会社」(Bubble company)と呼ばれたこれらの会社の株価も急上昇、株式市場は狂乱状態となった。危機感を強めた南海会社が訴訟を起こし、政府も規制に乗り出したことで、泡沫会社の株価は暴落する。ところが、南海会社の株価も煽りを受けて十二月には百二十ポンド台まで暴落、株式市場は大混乱となり全財産を失う人が続出した。

これが「バブル」の語源になった南海泡沫事件(The south sea bubble)であり、その様子を見ていたニュートンが「人々の狂った行動は計算できない」と語ったのだ。

人々は相場に幻惑され、熱狂し、絶望してきた。岩本栄之助も相場の世界で一度は栄光をつかみながら、最後は破滅してしまった。ピストル自殺という最悪の結末を避ける方法はなかったのだろうか。

失敗の本質①できなかった損切りの決断

栄之助の失敗の本質は「損切り」ができなかったことに尽きるだろう。相場に失敗はつきものだ。大切なのは損失が雪だるま式に膨れ上がることを回避すること。未練を断ち切って取引を手仕舞う損切りが必要不可欠なのだ。

「何しろ儲かるばかりときまっていない商売だ。いつ何時一文無しになるか知れない」と自ら語ったように、栄之助は相場の怖さを十分に知っていた。

栄之助が株式投資を始めたばかりのとき、兜町に平沼二郎という相場師が現れた。横浜の豪商平沼専蔵の養子で、日露戦争後の上昇相場に乗り、「年は若いが、その手腕は恐るべきだ」と、老獪な財界人も一目を置く存在となる。

栄之助はこの平沼に戦いを挑んだ。東京取引所新株（新東）を大量に買った平沼に対して、栄之助は売りで対抗する。「東の平沼」か「西の岩本」かと、人々はその勝負を見守った。結果は栄之助の勝利となり、大損した平沼は家を出て行方不明となる。遺体が見つかったのは大分県の景勝地である耶馬溪、九州各地を彷徨った上での投身自殺だった。

このとき、栄之助は相場の怖さと厳しさを痛感したはずだった。しかし、自らも過ちを犯して、平沼と同じ末路を辿ってしまうのである。

〝株屋〟と揶揄され、儲ければ〝成金〟と言われていた時代にあって、栄之助はいわゆる「相場師」のイメージとは一線を画す存在だった。大阪市立商業学校で学び、性格は温厚、巨万の富を手にした後も腰は低く、人を思いやる人格者だった。理性も常識も持ち合わせていたはずの栄之助だが、相場の魔力には勝てなかったのである。

栄之助は株価が上昇しているときに売り向かったが、これは「逆張り」と呼ばれる手法で、珍しいものではない。「まだはもう、もうはまだなり」という格言もある。人々が「まだ上がる」と思っているときは「もう上がらない」し、「もう上がらない」と思っているときは、「まだ上がる」。あえて人々の動きと反対の動きをすることが、勝利を呼ぶというわけである。

重要なのは思惑が外れて大きな損失が出たときに、損切りを断行できるかどうかだ。機械的に取引を手仕舞い、損失を確定させる。これによって、冷静さを取り戻し、相場の動きを中立的な立場から見ることもできる。その上で再び取引を始めれば、新たなチャンスも生まれてくるのだ。

大阪証券取引所の株式で大損したとき、栄之助は損切りを断行して、相場の世界から身を引いた。しかし、相場の世界に舞い戻った栄之助は、相場が上昇しても執拗に売りで攻め続け、損切りをすることができなかった。損失が膨らむ中、親類や親しい友人たちが冷静になるようにと助言するが聞く耳を持たず、取引所に行っては売りを重ねてくる。見かねた岩本商店の関係者が、栄之助が売った後で、こっそりと買い戻すこともあったという。

相場の格言に「見切り千両、損切り万両」がある。含み損を抱えた株式などがあった場合、将来の値上がりに期待するのではなく、損失が少ないうちに損切りすることは、「千両」「万両」という大きな価値があるというのだ。

損切りの重要性を諭す格言だが、栄之助はこれに従うことができなかった。もし、栄之助がどこかの段階で損切りを断行していれば、最悪の事態を避けられたはずだ。多くの修羅場を踏んできたはずの栄之助ですら、逃れられなかった相場の罠。そこには人間心理が持つ根本的な問題が潜んでいる。

失敗の本質② 行動経済学が解き明かす人間の不合理

損切りができないという栄之助が犯した過ちは、株式やFX（外国為替証拠金）取引などの投資をしたことがある人であれば、誰でも一度は経験したことがあるだろう。どう見ても「不合理」な行動なのだが、相場のプロであり、その怖さを知っている栄之助ですら、逃れられることができなかったのだ。

なぜ人間は不合理な行動で失敗を犯すのか。これを解明したのが行動経済学における「プロスペクト理論」だ。

行動経済学は、従来の経済学が解明できずにいた不合理な経済行動（アノマリー）を解明しようとしてきた。プロスペクト理論はその中核となるもので、不確実性の中で人間がどのような予測（プロスペクト）を立てて、行動するのかを明らかにしている。

プロスペクト理論は、人間心理に「同じ規模の利益と損失を比較すると、損失の方が重大に見える」というバイアス（偏り）が存在することを明らかにした。行動経済学者たちによると、人間は「利益による満足」よりも、「損失による苦痛」を一・五倍から二・五倍ほど大きく感じるというのである。このため、同じ条件であれば、人間は利益を上げることより、損失を回避することを優先することになる。「損失回避性」と呼ばれるものだ。

プロスペクト理論を確立した行動経済学者で、ノーベル経済学賞の受賞者でもあるダニエル・カーネマンは、その著書『ファスト&スロー』の中で、興味深い実例を使って損失回避性を説明している。

問題一　あなたはどちらを選びますか？

A．確実に九百ドルもらえる

B．九十％の確率で一千ドルもらえる

Bの期待値は九百ドルでAと同じと考えることが可能だ。しかし、カーネマンはほとんどの人がAを選択するだろうと指摘する。一千ドルを獲得するためにあえてリスクを負い、結果的に何も得られないという事態を避けたいという心理が、より強く働くというのだ。

問題二　あなたはどちらを選びますか？

A．確実に九百ドル失う

B．九十％の確率で一千ドル失う

こちらもBの期待値はマイナス九百ドルで、Aと同じと考えることができる。しかしカーネマンは、Bを選択する人が多いだろうとする。リスクを負ってでも、可能な限り損失を避けたいという心理が強く働くというのだ。

カーネマンはこうした「実験」を繰り返した結果、人間には「損失は利得より強く感じられる」という傾向があると結論付けた。そして、こうした人間心理の偏りを「損失回避性」と名付けたのだった。

「確実な損失は非常にいやなものなので、あなたはむしろリスクを選ぶ」とカーネマンは言う。その結果、利益を得られるときには「リスク回避的」になり、損失が発生するときには、何とかそれを避けようとして「リスク追求的」になるというのである。

これが相場の世界でしばしば指摘される、「利小損大」の原因と考えられる。「利小損大」とは、利益を上げるときは小さく、損失を出すときは大きくなってしまう傾向のことだ。

利益が得られる「問題一」の場合、損失回避性があることで、損失リスクがゼロのAを選ぶ。この結果、利益が相対的に小さくなる「利小」になってしまいがちというわけだ。一方、損失が発生する「問題二」の場合、損失回避性があるために、損失が発生しない可能性を求める結果、損失が増える可能性がより大きなBを選ぶ。これが「損大」の原因になるというわけだ。

損切りが難しい理由も、損失回避性にあると考えられる。損失が発生する「問題二」において、損切りはAを選択することに他ならない。損失を素直に認めた上で、最小限に止めるのだ。しかし、損失を回避したいあまりに、起死回生を狙って、損失が拡大する可能性の高いBを選んでしまうのである。

栄之助もBを選択してしまった。優れた相場師として人々の耳目を集めていた栄之助には、強い損失回避性が作用していたと思われる。取るべき行動は損切りをするAだったが、栄之助がそれを選ぶのは困難だった。そして、Bを選択し続け、損失が雪だるま式に増えてしまったのではないだろうか。

栄之助には「現状維持バイアス」も働いていたと考えられる。現状維持バイアスも行動経済学の概念の一つで、人間には現状維持を好む傾向があるというもの。損失が発生して、従来のやり方の転換を迫られていても、人間は現状維持を選択する傾向が強いというのだ。また、従来のやり方を否定するのは、損を認めることと同じことであり、損失回避性の観点からも難しい。

この結果、株式などの含み損を抱えたまま、様子見を決め込む「塩漬け」と呼ばれる状況が生まれてしまう。

株価が下がると予測して売り攻勢に出ていた栄之助は、状況が悪化しても方針を変えようとはしなかった。もし、早い段階で方針を変えていれば、破滅は免れていたかもしれない。しかし、売りから買いに転じれば、損失を認めることになる上に、失敗すれば更に損失が拡大する恐れがある。それゆえ、株式を売り続けるという方針を変えられなかったのではないか。

損失回避性と現状維持バイアスに支配されていた栄之助。その結果、損切りも方針転換もできずに、破滅の道を突き進んでしまった。これが行動経済学から探る、栄之助の失敗の本質と考えられるのである。

失敗の本質③ 欠けていたリスク管理システム

栄之助が犯した不合理な行動は、深い人間心理によるもので、避けることは容易ではない。これを止めるためには、明確な「損切りルール」を持ったリスク管理システムを構築する以外にない。

「含み損が○○万円になったら損切りする」という「損切りポイント」を、自分で設定することは可能だ。しかし、損失回避バイアスが働いているので、損切りポイントに到達しても、「もう少し我慢すれば反転する」とか、「しばらく放置しよう」と相場そのものを見なくなったりしてしまう。自分の能力に自信がある人ほど損失回避バイアスは強くなりがちだ。損切りは確固としたリスク管理システムの下で、絶対的な権限を持つ第三者が強制的に行う必要があるのである。

筆者はかつて邦銀と外資系銀行で、外国為替ディーラーとして働いた経験がある。どちらの銀行でも重要視されていたのが損切りの徹底だった。各ディーラーには、経験と能力に応じた「損切りポイント」が決められていて、これを超えると新たな取引を禁止する「出場禁止処分」が課せられていたのだ。

しかし、栄之助には損切りルールを作ることも、リスク管理システムを作ることもしなかった。「相場の道は孤独なものや。一人で仕掛けて、一人で耐えて、最後の勝負を収めればそれでよいのや。助言はいらん」と語っていた栄之助。こうした心理の背景には、過去の成功体験もあったろうし、「義侠の相場師」のプライドもあったろう。

リスク管理システムを作らず、全て自分一人で背負い、周囲の意見にも耳を傾けなかった栄之助。この結果、自身が陥っている不合理な心理状況を認識することができず、誰もその行動を止められずに、破滅への道を突き進んでしまったのである。

ニュートンも大損していた

冷静に株式市場を観察していたはずの天才科学者ニュートンも、実は南海会社の株式投資で大損していた。

早い段階で株式を購入していたニュートンは、株価が暴騰する過程で売却して、ある程度の利益を上げた。ところが、その後も株価は上昇を続ける。「利食いが早かった…」と悔しい思いで株価の動きを見つめ、やがて「まだ上がる！」と買い直す。ところがそこが株価の天井だったのだ。

株価が急落する中で、更に買い増す「ナンピン買い」まで行ったニュートン。その損失額について「ウォール・ストリート・ジャーナル」のコラムニスト、ジェイソン・ツヴァイクは、「現在の価値に換算して少なくとも三百六十万ドル（約四億一千万円）」と見積もっている。「利小損大」の典型といえるだろう。「人々の狂った行動は計算できない」と語ったのは、ニュートンが利食いをした後、知人に今後の見通しを尋ねられたときのことだった。

市場の熱狂から距離を置いた冷静な行動が取れたと自分を納得させようとしたのか、あるいは思惑に反して上昇を続ける株価を見ての悔しい思いだったのか…。冷静だったはずのニュートンは、自らの言葉とは裏腹に、「狂った行動」に出て大損してしまった。よほど悔しかったのだろう、ニュートンは周囲で南海会社のことが語られるのを嫌がったと伝えられている。

ニュートンと同じように、理性的な人間であった栄之助も、「人々の狂った行動」に翻弄され、自ら命を絶つという最悪の結末を迎えてしてしまった。

人間の理性を安々と乗り越える相場の世界とは、実に恐ろしいものなのである。

❖繰り返される不合理な判断

岩本栄之助と同じく、相場の失敗による巨額損失は後を絶たない。一九九五年に大和銀行(当時)ニューヨーク支店で、米国債取引の失敗による十一億ドル(当時の為替相場で約一千百億円)の巨額損失事件が発生した。投資責任者が十一年間にわたって、権限を逸脱した帳簿外の取引を行い、取引確認書の隠匿などの不正行為もあったという。

同じ年、イギリスの名門ベアリングス銀行シンガポール支店で、デリバティブ取引の失敗による八億六千万ポンド(当時の為替相場で約一千三百八十億円)の損失が発生している。一九九五年の阪神淡路大震災による日本株の急落で、五千万ポンドの損失を出したディーラーが、これを取り返そうとして取引を繰り返した結果だった。これによってベアリングス銀行は経営破綻し、二百三十三年に及ぶ歴史に幕を下ろすことになる。

どちらのケースもリスクの管理体制が不十分で、損切りができずに、損失が膨れ上がってしまった。二人とも巨額で派手な取引をすることから「市場のスター」として扱われ、その一挙手一投足が注目される存在でもあった。この点でも栄之助と同じといえるだろう。

一九九八年九月には、アメリカのヘッジファンドのＬＴＣＭ(Long Term Capital Management)が破綻した。マイロン・ショールズとロバート・マートンという二人のノーベル経済学賞受賞者を擁し、高度な金融工学を駆使する「ドリームチーム」で、自分たちのシステムは完璧だと信じて疑わなかった。

ショールズはある会議の場で、参加者の一人から、ＬＴＣＭにはシステム上の問題点があり、このままでは莫大な利益を生み出すのは不可能だと指摘された。これに対してショールズは、「当社が莫大な利益を得られるのは、あなたのような愚か者がいるからだ」と言い放つ。

しかし、愚か者だったのはショールズの方で、ＬＴＣＭはロシアの経済危機に巻き込まれて、四十六億ドル(当時の為替相場で約六千億円)という巨額損失を出して破綻してしまった。「現代のニュートン」も、激しく変動する相場には勝てなかったのである。

岩本栄之助の葬儀は、一九一六(大正五)年十月二十九日に営まれた。「未亡人てる子は白無垢姿に臨月の腹を抱へ女中に扶《たす》けられ悼々《いたいた》しく焼香す遺児善子(二才)は乳母に抱かれ乳母の手により焼香を為《な》したるが此《この》可愛しき様を見て池上市長関助役等当日の會葬者《かいそうしゃ》一千五百余名の面《おもて》を反《そむ》けしめたり」と、翌日の東京朝日新聞はその様子を伝えている。死の直前、栄之助はどんな思いで写真撮影に臨んだのだろうか。和服を着て椅子に座ってポーズを取るその表情の奥に、地獄の苦しみを懸命に隠していたのだ。

本書の執筆に当たり、栄之助のお孫さんである天辻元子さんにお話を伺うことができた。岩本家では祖父のことはあまり語られず、大阪市中央公会堂がその寄附で建てられたことも、高校生になって初めて知ったという。

「夭折は悲運でしたが、それだからこそ祖父は美化されたようにも思う」と語る一方で、大阪市中央公会堂は「間違いなく強運だった」と話される天辻さん。太平洋戦争の度重なる空襲を逃れ、老朽化による取り壊しの危機も、市民たちの保存運動で乗り切ることができたからだという。

「薄命児岩本栄之助」は、その死についてこう結んでいる

「その短い全盛も決して自己の豪奢と栄華にのみ濫費《らんぴ》はしなかった。…岩本栄之助の終り

は、決してみじめなものだとは言われない。…短かい波乱に富んだ北濱《きたはま》取引所の仲買人岩本榮之助の大きな遺業は、今も否《いな》永久に大阪市民の前に、聳《そび》え立っているのである」

栄之助の遺書の傍らには辞世の句が残されていた。

その秋をまたでちりゆく紅葉哉

三十九年の生涯であった。

column 2

喜劇王チャップリンは相場の達人

かのニュートンも相場で大失敗した。一方で、転換点を読み切って難を逃れた人もいる。その典型が喜劇王チャップリンだ。

チャップリンの代表作「殺人狂時代」に、相場にまつわるシーンが出てくる。チャップリン扮する主人公ヴェルドゥは、友人たちとカフェで会話をしていた。羽振りの良さそうなヴェルドゥに、友人がその秘訣を尋ねると、株式や不動産への投資で儲けているという。「株価が下がっているのに?」と怪訝な表情を見せる友人に、ヴェルドゥは"Buy now when everybody's selling."(「皆が売るから、今が買い時だ」)と言ってその場を去っていく。

羽振りが良かったのは、殺人を犯して奪ったお金を運用していたからだ。ヴェルドゥは相場が下がる中で株式を買い増していた。その結果、やがて訪れる株価の大暴落でヴェルドゥは破産する。

映画のメインテーマとは別に、株式投資の難しさも描いたチャップリンだが、実生活では相場の達人だった。

上昇を続けていたニューヨーク株式市場は、一九二九年一〇月の「暗黒の木曜日」をきっかけに大暴落した。ところがチャップリンは、その前に手持ちの株式を売却していたのだ。『チャップリン自伝』に、こんなエピソードがある。

「暗黒の木曜日」の前日、チャップリンは友人のアービング・バーリンと食事をした。バーリンは「ホワイトクリスマス」を作詞・作曲した音楽家で、株式投資で大儲けしていた。「きみも株をやっているのか？」と尋ねるバーリンに、自分は株式投資から手を引いたと話し、「もうかっているうちに売って手を引くことだな」とアドバイスした。これを聞いたバーリンは、「なんだ、きみはアメリカを空売りするつもりか！」と怒りだしたという。ところが、その翌日が「暗黒の木曜日」で、バーリンの財産は一瞬にして消え失せてしまったのだ。

このときの株式市場は熱狂の渦の中にあり、誰もが「まだ上がる」と信じ込んでいた。こうした中で、「皆が買うから、今が売り時だ」と見事な判断を下したチャップリン。「人の行く裏に道あり花の山」の格言通り、裏の道を歩いて花をしっかりと見つけていた。

チャップリン恐るべし！

Case 9

渡辺治右衛門

「世紀の失言」が大富豪を悲劇に巻きこむ

❖土地も金も根こそぎなくした最期

東京都荒川区西日暮里四丁目、現在は開成中学校・高等学校が建つ一帯は、かつて「渡辺町」と呼ばれていた。

一九一六(大正五)年から開発が始まった渡辺町は、幅広い道路が碁盤の目のように走り、早くから上下水道や電気、ガスに電話まで整備され、病院や郵便局、雑貨店なども開設された先進的な町だった。作家の野上弥生子が、自身の小説『所有』で、「両側の家は悉く新しく立派で、大きかった。赤い屋根の洋館からはピアノの音がしていたり…」と描いたように、渡辺町は画家や彫刻家、評論家などの文化人が数多く住む、文化的な香りに満たされた町だったのだ。

渡辺町という町名は、この一帯を所有していた渡辺家に由来する。一九一〇(明治四十三)年に出版された『明治富豪史』(横山源之助著)によると、渡辺家が東京に所有していた土地は六万三千坪と、岩崎家や三井家などに次ぐ五番目の広さで、「目白御殿」と呼ばれた邸宅は、その財力の証しとなる豪勢なものだったという。

東京屈指の大富豪であった渡辺家では、代々の当主が治右衛門を名乗ってきた。十代目の渡辺治右衛門は一九三〇(昭和五)年一月四日に亡くなっているが、その死を伝えた翌日の東京朝日新聞の記事は意外なものだった。

「渡辺治右衛門氏　さびしく死去す　浅草清光寺の一室にて」との見出しに始まり、「昭和二年に襲来した金融界の大恐慌にあはれを止めて豪奢な実業界の生活から見放された渡辺治右衛門氏はその後全く世間から姿を没し…」と、容赦のない筆致だ。

更に記事は、「先代が築いた土地成金」との小見出しで、「日暮里の渡辺町の名と共に、その繁盛振りを世に歌はれ目白の大豪邸は人のうらやむところであったが、渡辺一家のだらしないやり方は大地震と共に、その綻びを見せ、昭和二年の恐慌でもろくも倒れ、土地も金も根こそぎに無くなり…」と、悪意さえ感じられる調子で書き進められていく。

十代目渡辺治右衛門は、受け継いできた資産をあらかた失っていたのだ。

記事が記す「大地震」とは関東大震災であり、「昭和二年の恐慌」とは、片岡直温大蔵大臣の「失言」によって引き起こされた金融恐慌のことである。

一九二七(昭和二)年三月十四日、片岡蔵相は国会の答弁で「渡辺銀行が到頭《とうとう》破綻を致しました」と突然発言、これが契機となって、多くの銀行が連鎖倒産する昭和金融恐慌が引き起こされた。

この渡辺銀行こそ、治右衛門が頭取を務めていた、東京渡辺銀行だったのだ。

十代目渡辺治右衛門を破綻させた、「だらしないやり方」とは何なのか。昭和金融恐慌は、治右衛門が引き起こしたのか。大富豪だった治右衛門は、なぜ、土地も金もなくしてしまったのだろう。

❖栄華を極めた渡辺治右衛門

渡辺家は江戸・享保年間、初代の渡辺治右衛門が播州明石から江戸に出て、日本橋で海産物問屋を開いたことに始まる。渡辺家が財閥と呼べるほどの富を築いたのは、九代目の手腕によるものだ。一八七三(明治六)年に家督を引き継いだ九代目は、株式投資に乗り出す一方で、後に東京渡辺銀行となる第二十七国立銀行を創業した。しかし、九代目が富を築いたのは、銀行業ではなく不動産投資によってであった。

前出の『明治富豪史』は、東京で富豪になった人々について、表向きは銀行業や塩干魚商などに従事しているが、その多くは「維新当時坪五銭ないし十銭、殆ど無代価同様に手に入れた土地が四十三年の年月に依って、十倍となり、百倍となり、千倍となって」大金持ちになったと指摘し、その筆頭として九代目の名を挙げている。

九代目は都内を草鞋ばきで毎日のように歩き回り、将来性がある土地を片っ端から買い付けてゆく。明治政府が行った丸の内の土地払い下げでは、三菱の岩崎弥之助と落札を競った。今でこそ、日本屈指のビジネス街である丸の内だが、当時は広いだけの荒れ地で、これを高値で落札した岩崎をあざ笑う声も多かったという。これに対して丸の内の将来性を見抜いていた岩崎は、「竹でも植えて虎でも飼うさ」と平然と語ったというが、九代目も岩崎に劣らない先見の明があったといえるだろう。

一九〇九（明治四十二）年、長男が早世したために、次男の源次郎が家督を引き継ぎ十代目渡辺治右衛門を名乗った。治右衛門が手に入れたのが、「目白御殿」と呼ばれた豪邸だ。明治の元勲田中光顕の邸宅を買い取ったもので、一万坪の敷地に唐破風の玄関を持った本屋《ほんおく》五百五十坪、付属屋七棟二百五十坪、テニスコート二面に茶室などが点在していた。大の自動車好きだったことから、ダイムラーやシトロエンなど四、五台を所有し、邸内の車庫に並べていたという。

治右衛門の兄弟たちも、渡辺家の様々な事業に加えて、外部の企業の経営に関与するなど幅広く活躍していた。

三男の勝三郎は東京瓦斯などの社長や、東京電灯、旭日生命の重役、東京株式取引所監査役などの五十ほどの役職を務めていたという。自転車競走にラグビー、スキーなど大のスポーツ好きで、現在のホテルオークラ付近に豪邸を構えていた。

四男の四郎はフランスに渡って織物を学び、帰国後にリボン工場を建てた。鉄道写真のコレクターとしても知られている。

六男の六郎は東京大学法学部に学んだ秀才で、東京渡辺銀行の専務として、業務の中核を担っていた。渡辺町に住んでいたのが六郎で、本当は画家になりたかったということもあって文化・芸術に造詣が深く、芸術家を集めてその支援もしていたという。

大磯と熱海、そして日光にも別荘を保有していた渡辺家は、財閥と呼べるほどの資産と事業を持っていた。しかし、これを束ねる治右衛門は、六郎と同様に趣味人であった。その写真が『明治東京畸人伝』(森まゆみ著)に残る。端正で穏やかな佇まいで、やり手の銀行家という印象は受けない。治右衛門は世話好きで、役者や画家を援助したり、伊勢二見浦の夫婦岩を結ぶ綱を寄進したりしていた。銀行の経営は専務の六郎に委ね、自身は悠々自適の生活を送っていたようなのだ。

❖ 渡辺治右衛門を没落させた「失言」

栄華を極めていた十代目渡辺治右衛門と渡辺家を、奈落の底に突き落としたのは、片岡直温大蔵大臣が国会で放った一言だった。

「今日正午頃に於て渡辺銀行が到頭《とうとう》破綻を致しました」という発言が「失言」とされるのは、東京渡辺銀行が破綻などしていなかったからだ。

この日、東京渡辺銀行は手形交換の決済をする資金が足りなくなり、専務の六郎が大蔵省の事務次官の元に駆け込んで救済を求めた。しかし、事務次官は「ああそうですか」と言うだけで、助けるそぶりを見せない。

大蔵省に見放された六郎は再び金策に駆け回り、仲のよい銀行から資金を融通してもらうことで、何とか決済することができた。

ところが、事務次官は六郎が帰るとすぐに国会に向かい、答弁中の片岡蔵相に「本日正午、東京渡辺銀行支払いを停止せり」というメモを差し入れていたのだ。

六郎は手形交換の決済ができたことを、電話で大蔵省に報告したが、事務次官は不在で、担当課の事務官が応答した。事の重要性を認識していなかった事務官は、まずは直属の上司に報告しようと、その帰りを待つ。事務官の報告を受けたその上司は、大慌てで事務次官に伝えたものの、時すでに遅し。片岡蔵相は何ら疑いを持つこともなく、渡されたメモの通りに「渡辺銀行が破綻した」と発言してしまったのだ。

驚いたのは無事に手形交換の決済を終えて、通常通りの業務を行っていた東京渡辺銀行だった。翌日の東京朝日新聞は、「蔵相の言明を寝耳に水と驚く」との見出しで、「片岡蔵相の言明に対する諸方面よりの問合わせに対して大いにらうばいし、行員も興奮して総立ちになり…」と、行内の混乱ぶりを伝えている。

しかし、片岡発言はすでに広がっている。翌日には預金の引き出しが殺到し、とても対応できないと判断した東京渡辺銀行は、休業を宣言して本当に破綻してしまったのだ。

東京渡辺銀行は、頭取の渡辺治右衛門の名前で、預金者に向けた謹告を出す。

「突然休業致すの止むなき状態に立ち至りまして皆様にご迷惑をかけました事は誠に何共申し訳が御座いません…私共同族一同は全財産を銀行に提供して資金を作りまして一日も早く御安心の出来る様致すべく全努力を尽くして居ります」。十代目渡辺治右衛門、そして渡辺家が莫大な資産を失った瞬間だった。

渡辺家が所有していた膨大な土地は競売にかけられた。「あす裁判所で執行 土地の大競売 没落した渡辺家のもの」との見出しで伝えたのは東京朝日新聞(一九二九年三月十四日)。競売にかけられる土地が「二万坪のいわゆる渡辺町を始め…ほとんど市内外全域に渉り…」と、十数万坪に及ぶとした上で、「安値で見積もられているので大変な人気を呼ぶだろうとされている」と記している。

しかし、渡辺治右衛門以上に悲惨だったのが、なけなしのお金を失ってしまった預金者だろう。東京渡辺銀行が地盤としていた下谷や本郷一帯では、同じく渡辺家が経営していた「あかぢ貯蓄銀行」も破綻したため影響は深刻だった。

東京商工会議所に対して、預金者の救済を求める嘆願書を出したのは、東京渡辺銀行が地盤としていた谷中の人々。預金者の大半は零細業者や下級官吏、工員などで、「商工業は衰退し店舗を閉鎖するもの終生の生活を断たるる者病者は医薬の料を失い瀕死に陥りし者一家は茫然自失父子離散する者等其の惨憺たる事情を…」(「渡辺、あかぢ貯蓄両休業銀行預金者救済ニ関スル嘆願」昭和二年四月十五日)と、窮状を訴えた上で、渡辺一族は全財産を挙げて預金者を救済すべき「当然の義務」があると迫っている。

十代目渡辺治右衛門はこの義務を果たした。それでも全ての預金を払い戻すには足りず、預金者の手元には紙くずになった預金証書が残されたという。

目白御殿を追われた治右衛門は、菩提寺の浅草・清光寺の離れで生涯を終えた。

渡辺町に住んでいた専務の六郎は、神奈川県の大船に転居した。ここにも預金者が押しかけて来くることがあり、応対に出た妻が玄関の板の間に額をこすりつけてひたすら謝ったという。

失敗の本質

銀行というビジネスの本質的な脆さ

巨大な資産を継いでからわずかに十八年で、その大半を失った十代目渡辺治右衛門と渡辺家。彼らはどこで、何を間違えたのだろうか。

後年、東京渡辺銀行の破綻について、専務の六郎がこんなことを漏らしている。「失言がなくてもバンぐらいにまではなっていたけれども、失言があってザイになっちゃった」。当時の東京渡辺銀行は、手形交換の決済に苦しんでいたくらいで破綻寸前、つまり「バン」の状態にあった。しかし、片岡蔵相の失言によって「バンザイ」して破綻することになってしまったというわけだ。

失敗の本質 ① 身内企業への情実融資

東京渡辺銀行の破綻について、日本銀行がまとめた報告書がある。報告書は破綻に至った要因として、十代目渡辺治右衛門の二人の弟が、第一次世界大戦に伴う戦時景気に乗って、四十から五十もの企業を設立した際、東京渡辺銀行を個人銀行のように考え、無制限に資金を引き出していたと指摘する。

設立された渡辺家の企業群は、一九二〇（大正九）年頃に始まった第一次世界大戦終了に伴う深刻な景気悪化と、関東大震災の影響で、その多くが経営不振に陥った。東京渡辺銀行は経営支援のために、焦げ付きリスクを無視して融資を膨らませていく。これによって東京渡辺銀行の不良債権は急激に拡大し、事実上の債務超過となった。渡辺家の資産で穴埋めをしようとしたものの、多くが不動産であったために現金化に時間がかかり、東京渡辺銀行は日々の資金繰りに苦しむようになったとしている。

ここまでが東京渡辺銀行が「バンザイ」の「バン」に至るまでの経緯だ。東京渡辺銀行は、身内である渡辺家の関連企業に情実融資を継続した結果、不良債権が膨らみ、資金繰りに行き詰まったというわけだ。

こうした状況について、エコノミストの高橋亀吉は、東京渡辺銀行に限らず、この時代の銀行が「前近代的」であったと指摘する。高橋は「当時の銀行は事業家が資金を集めるためにつくった銀行である、そういう形で発達しました。そこで大きな事業をやっている人は、大部分、自分の銀行を持っていたわけです。自然、銀行は事業家のいいなりにならざるを得ないという情勢にあったのであります」と分析する。この結果として、「倒れた商社なり事業家なり赤字の大部分というものが銀行の手許に溜っていたというわけです」と言うのだ。

当時の銀行の多くは、事業家が自身の企業グループの資金調達手段として利用する、「機関銀行」の性格を持っていた。その結果、グループ内の企業の経営が悪化すると、焦げ付きリスクなどお構いなしに、銀行の資金が投入されることになる。東京渡辺銀行の場合、融資の七割以上が渡辺家の関連企業向けであったとされている。

こうしたやり方は許されるものではない。銀行は預金者から預かったお金を「又貸し」して成り立っているビジネスだ。当然のことながら、預金者に対する預金の返済義務があるため、徹底したリスク管理が求められる。東京渡辺銀行にはこうした認識が欠如していた。そして、「預金者の金」を「渡辺家の金」であるかのように考え、渡辺家のために注ぎ込んでしまったのだ。こうした情実融資がこそ、新聞が指摘した「だらしないやり方」なのである。

失敗の本質② 「旅館のスリッパ」で読み解く銀行の脆弱性

一方、「バン」の状態にあった東京渡辺銀行を「バンザイ」させた「ザイ」の部分はどうなのか？この点においては、渡辺治右衛門は被害者だ。金融当局の失態が、東京渡辺銀行の息の根を止めてしまったのである。

片岡蔵相は「失言」を行った翌日の国会で、東京渡辺銀行という「病人」が、大蔵省という「医者」に駆け込んだところ、「医者は注射もしてやらず、薬も与えずして、直ぐ死の宣告をした」と、野党議員から詰め寄られた。これに対して片岡蔵相は、「事実を事実として告げたまで」「責任は事務次官にある」などとして、自身の過ちを認めようとはしなかった。

しかし、その経緯や事実がどうであれ、片岡蔵相の一言は、銀行にとって最も重要な経営資源である「信用」を一瞬にして奪うものだったのである。

銀行システムの弱点を探る

預けたお金をいつでも確実に引き出せるという信用があってこそ、銀行システムは成立する。そして、信用が失われた銀行に起こるのが、預金の引き出しが殺到する「取り付け」だ。経営基盤が盤石な銀行であっても、これに耐えるのは容易ではない。ましてや東京渡辺銀行のように、資金繰りに苦しみ、信用の維持に必死になっている銀行にとっては、即座に「バンザイ」をすることにつながる。

取り付けは銀行システムの根本的な弱点を突いてくる。銀行のビジネスモデルは、集めた預金を融資に回し、利ざやを稼ぐという単純なもの。ところが、そこには大きな弱点がある。預金の払い戻し請求が、何時どのような規模で行われるか分からない一方で、その多くが融資に回されているために、即座に回収することはできないからだ。

しかし、通常であれば預金の払い戻し請求は預金全体の一部に過ぎず、新たな預け入れもあるため、最低限の現金（準備預金）を残しておけば、残りを融資することが可能だ。こうして融資された資金は、消費や設備投資に使われ、新たな預金となり、これが新たな融資となって…という循環が生まれる。これが経済学の教科書に出てくる銀行の「信用創造機能」だ。これによって、中央銀行が供給する貨幣（ベースマネー）が膨らみ、経済の隅々にまで届けることが可能となるのだ。

マネーとは、温泉旅館のスリッパである

銀行を温泉旅館の大浴場、マネーをスリッパに置き換えると、この仕組みが理解しやすくなるかもしれない。温泉旅館の大浴場に行くと、混雑時には入り口に入浴者たちのスリッパが無造作に脱ぎ捨てられている。出入りは頻繁にあるものの、入浴している人が一定数いるために、多少の増減はあっても、ある程度の数のスリッパが滞留しているのだ。

このときに玄関のスリッパが足りなくなったとしたら、大浴場の入り口にあるスリッパを一時的に持ち出しても問題はないだろう。これが銀行が預金を融資に回すことができる根本原理なのだ。

経済活動にとって極めて重要な銀行の信用創造機能だが、これは「入浴者全員が一度に風呂を出ることはないだろう」という、とても脆弱な前提の上に立っている。もし、何らかの理由で風呂に入っている人たちが一斉に出ようとすると、スリッパの数は足りなくなる。これが取り付けなのだ。

銀行は慌ててスリッパを補充しようとするものの、その多くは融資を受けた人が履いていて、簡単に取り戻すことはできない。一方で、「風呂から出たらスリッパがないかもしれない…」という不安心理は拡大する。そして、「俺のスリッパを今すぐ返せ！」「今すぐは無理です」と、銀行という大浴場で大混乱が起こるというわけだ。

銀行システムは、「預金者が一気に預金を引き出すことはないだろう」という、極めて不安定な前提の上に成り立っている。こうしたことから、金融当局は、細心の注意を払いながら、その安定を図ることが求められるのである。ところが、片岡蔵相にはこうした認識が希薄だったのだ。

片岡蔵相の発言は、「東京渡辺銀行という浴場は潰れました。皆さんのスリッパはないかもしれません！」と宣言したに等しい。取り付けが起こるのは当然であり、東京渡辺銀行はこれに耐えられないことから休業に追い込まれる。残された入浴者たちはスリッパが消えた浴場で立ちすくむことになってしまったのだ。金融当局としては、あるまじき失態といえるだろう。

失敗の本質③ 混乱が混乱を呼び、恐慌に至る

善良な預金者と渡辺治右衛門を奈落の底に落とした片岡蔵相の失言は、金融恐慌を引き起こしてしまった。

繰り返しになるが、銀行システムは「一度に預金引き出しが行われないだろう」という、危うい前提に立っている。このため、ひとたび不安心理に火がついて信用が揺らぐと、連鎖的な取り付けと破綻という金融恐慌に発展してしまう。「東京渡辺銀行が潰れたら、うちの銀行も危ないかも…」と、他の浴場で湯につかっていた人たちも、慌てて風呂から出ようとする。その結果、連鎖的な銀行破綻が起こってしまったのだ。

東京渡辺銀行の規模は、決して大きいものではなかった。日本銀行の報告

書が「市中二流銀行」としているように、預金総額は約三千七百万円で、同時期の三菱銀行の約四億円に比べて遙かに小さく、八カ所の支店と四カ所の出張所を持つだけ。現代の信用金庫クラスの銀行の破綻だったのだが、片岡大臣の「失言」によって不安心理が一気に高まり、他の銀行まで巻き込んでしまったのだ。

前出の高橋亀吉は、当時の日本の銀行は東京渡辺銀行に限らず、多くが経営基盤に問題を抱えていたことを指摘。「このような根本の弱体がなければ、片岡蔵相の失言は、二、三の銀行の取付けだけですむはずだったのですけれども、銀行の内部が非常に腐っていたということが、事態があれだけ拡大してしまった原因」とする。

こうした状況を食い止めるのが、金融当局の役割だ。東京渡辺銀行の休業を受けて、大蔵省と日本銀行は「この騒ぎが他の銀行に波及せぬようにするつもりである」との談話を発表した。しかし、混乱は収束せず、銀行の連鎖的な休業が起こってしまう。東京渡辺銀行の休業の四日後、東京の中井銀行が取り付けで休業したのをきっかけに、一カ月足らずの間に十四行が休業する事態となった。

しかし、これは昭和金融恐慌の第一波に過ぎなかった。日本銀行が大量の資金供給を実施、大蔵省も経営状況が悪かった銀行が淘汰されただけで、「一般財界には何等憂慮す可き事態なく…」と冷静を呼びかけた。

これによって収束しかけた金融恐慌だったが、まもなく第二波が襲ってきた。四月十八日、台湾銀行が休業に追い込まれたのだ。台湾銀行は当時日本最大の総合商社だった鈴木商店のメインバンクで、その破綻を受けて共倒れとなったのである。

その影響は極めて大きく、これを契機に新たに十五行が四月末までに休業する事態となる。

金融恐慌の第一波が小規模で関東周辺の銀行を中心にした局地的なものだった。これに対して、第二波は規模が格段に大きく、日本全体を覆うものであった。日本の金融システムそのものが、危機に瀕していたのである。台湾銀行が破綻した段階で、こうした事態を大蔵省も日本銀行も想定していたが、食い止める方策を見いだせなかったのである。

不安心理への対応力が問われる

金融恐慌によって、各地の銀行は大混乱に陥った。

取り付けに見舞われた銀行は、あの手この手で、預金者の不安心理を払拭しようとした。ある銀行は押し寄せた預金者を、全て店内に入れた。行列が人目に付かないようにすることで、取り付けは起きていないと思わせるためだった。別の銀行は閉店時間を過ぎても、預金の引き出しに応じることで、騒ぎを静めることに成功している。これに対して、閉店時間を過ぎても帰らない預金者に対して、「かような時に預金を引き出すような方は私の方でも覚えていて今後絶対にお取引をしません」と、支店長が威嚇した銀行では、混乱に拍車がかかったという。

ようやく引き出したお金をどこに預ければいいか分からずに、日銀に持ち込んで「一般市民の金を預かるわけにはいかぬ」と断られた人もいた。郵便局が安全と聞くと、それなら丸の内の中央郵便局が一番だと思って、わざわざ出かけていく人もあったという。風呂から慌てて飛び出した預金者が、落ち着いて入れる風呂を必死で探し回ったのである。

取り付けで破綻した銀行の中でとりわけ衝撃を与えたのが十五銀行の破綻だった。東京の巨大銀行の一つで、宮内省の公金を預かっていたことから絶大な信用を得ていたのだが、あっさり倒れてしまう。「宮内省御用達」の銀行まで潰れる事態に、国民の不安はピークに達する。最終的には引き出された預金の多くが三菱、三井、安田、住友、第一の五大銀行と郵便局に集中し、急激な銀行再編が行われていくことになった。

激化する金融恐慌に、日本銀行も窮地に追い込まれていた。各銀行からの求めに応じて紙幣を供給し続けた結果、底をついてしまったのである。印刷が間に合わないことから、ついには裏面が白紙の二百円紙幣を発行する事態となった。「裏白」と呼ばれたこの二百円紙幣は、あまりに急な発行であったため行政機関にも周知されておらず、ニセ札と思われて使った人が警察に逮捕されたこともあった。

未曾有の金融危機に、国民のみならず、政府も日本銀行もパニックに陥ってしまったのである。

デフレ不況の構造と戦犯

こうした状況になると、銀行は取り付けを恐れて融資に慎重になり、スリッパを貸さない「貸し渋り」や、履いている人から強引に奪う「貸し剥がし」も発生する。これによって、貨幣の流通量も民間の資金需要も激減、これが消費や設備投資などを減少させて物価の下落を招き、デフレ不況をもたらすことになる。

昭和金融恐慌の影響で、日本経済も深刻なデフレ不況に陥る。社会不安の拡大が軍部の台頭を生み、泥沼の日中戦争、そして無謀な太平洋戦争へと突入してしまう。片岡蔵相の「失言」から始まった金融恐慌は、その後の日本の運命を決定づける、極めて大きな出来事だったのだ。

東京渡辺銀行は、片岡蔵相の「失言」がなくても、いずれは破綻していたかもしれない。しかし、その後に発生した金融恐慌の責任は、「失言」をした片岡蔵相を始めとした金融政策担当者が負うべきもだ。自身の銀行を潰され、金融恐慌の戦犯のように扱われた渡辺治右衛門。何も語ることなく世を去ったが、内心では忸怩たる思いを抱えていたのではないだろうか。渡辺治右衛門の失敗の本質は、本人に限ったものではなく、片岡蔵相を始めとした金融行政を担っていた人々の失敗によってもたらされたものでもあったのだ。

❖治右衛門の悲劇と重なる平成の不況

「日本は驚くべき経済発展をなし遂げたにもかかわらず、その銀行制度は半世紀も遅れて、現代の発達した産業界には不適当なものとなっている」。これは昭和の金融恐慌に対する、イギリスの新聞「マンチェスター・ガーディアン」の論評だ。しかし、こうした状況は、現代でも変わっていない。

昭和金融恐慌の再来といわれたのが、一九九一年から始まったバブル崩壊を受けて発生した「平成の金融恐慌」だ。北海道拓殖銀行に日本長期信用銀行、日本債券信用銀行など日本を代表するビッグバンクが相次いで経営破綻し、木津信用組合では取り付けが起こり、山一証券は自主廃業に追い込まれた。

金融恐慌の端緒となったのは、一九九四年十二月に起こった東京協和信用組合の経営破綻だった。破綻の原因は信用組合の理事長を務めていた、高橋治則の情実融資にあった。渡辺治右衛門と同じ構図といえるだろう。

この小さな信用組合の破綻が、日本を代表するビッグバンクの中にも、同じような状況に陥っている銀行があることを浮き彫りにしてゆく。バブル経済に踊らされて無軌道な融資を拡大させた結果、巨額の不良債権を抱え込んでいたのだ。その実態が明らかになるにつれて信用不安が拡大し、多くの銀行や金融機関が連鎖的に破綻する平成の金融恐慌が起こった。そして昭和金融恐慌後と同じく、日本経済は長く苦しいデフレ不況へと突入してしまったのである。

その過程を振り返るとき、現代の銀行経営者たちが「前近代的」であったことを思い知らされる。絵空事のようなリゾート開発から、相場を占う謎の料亭女将にいたるまで、低次元の審査基準で巨額の融資が行われ、不良債権の山を築いて銀行を破綻させた。

ところが、平成の金融恐慌においては、銀行経営者の多くは責任を取るどころか、様々な言い訳をし、巨額の退職金をもらったものも少なくない。一切言い訳することなく、全財産を差し出して責任を取った渡辺治右衛門に比べて、遥かに「だらしないやり方」をしていたのは、現代の銀行経営者だったのではないだろうか。

だらしない銀行経営者に加えて、金融機関の暴走を放置し、バブルを拡大させる金融政策を取り続けた金融当局の責任も大きい。金融機関の監督官庁であった大蔵省がやるべきことは、銀行システムの安定を維持するために、その経営を徹底的に監視し、危機を未然に防ぐことにあったはずだ。

しかし現実は、厳しく監督するどころか、銀行からの過剰な接待を受け、「ノーパンしゃぶしゃぶ」での宴を楽しんでいた者すらいた。そして、金融恐慌が現実に起こると、片岡蔵相と同じく、責任を金融機関の暴走に転嫁して、自らは言い訳に終始したといわざるを得ない。十代目渡辺治右衛門にも片岡蔵相にも学ぶことのなかった人々こそが、バブルを生み出し、これを崩壊させ、その後の長く苦しいデフレ不況を導いたのではないだろうか。

渡辺治右衛門の栄華の証だった渡辺町の名は今はない。一九三四(昭和九)年、荒川区日暮里九丁目へと編入される際に消えたのである。このとき、渡辺町の名を残そうという声もあったが、東京渡辺銀行の倒産で辛酸を嘗めた人が大勢いるとして却下されたのである。栄華を極めた渡辺治右衛門の名は、昭和金融恐慌の元凶として残された。銀行経営者と金融当局者が、渡辺治右衛門の蹉跌に学んでいれば、長く深いデフレ不況は避けられたのではないだろうか。

Case 10

松本重太郎

「西の渋沢栄一」が全財産を投げ出した事情

出典:国立国会図書館ウェブサイト

❖出入りの大工が建てた小さな家で

男に終の棲家を提供したのは、出入りしていた大工の棟梁だった。自分の別宅を手入れして、住んでほしいと申し出たのだ。

男はかつて、大阪・堂島に豪勢な和館と洋館、数多くの蔵などが広大な敷地に点在する豪邸に住んでいた。蔵の一つは妻専用で、趣味だった薙刀《なぎなた》の道具類で埋め尽くされていた。しかし贅沢な生活は今や昔、邸宅は人手に渡り、家賃十円の粗末な借家に移り住んでいた。板張りの台所はきしんで音を立て、運んできた薙刀の置き場所がないために、鴨居にひもで吊さざるを得なかった。こうした境遇を見かねたのが、男から多くの仕事をもらっていた大工の棟梁で、恩返しのつもりにと住居を提供したいという。天井の高い部屋もあり、薙刀も存分に振り回せますよという言葉に、男は涙を滲《にじ》ませて感謝したという。

男の名前は松本重太郎。銀行から鉄道、紡績業に至るまで数多くの企業の設立・経営に関与し、「日本資本主義の父」である渋沢栄一に比肩するとして、「西の渋沢」とまで呼ばれた大実業家だ。

一九一三（大正二）年六月、重太郎は提供されたこの家で六十八年の生涯を終えた。

「松本重太郎氏逝く　大阪実業界の重鎮」との見出しで、東京朝日新聞はその死を伝えた。記事はその業績を紹介した後で、「一敗地に塗《まみ》れて晩年又振《ふる》はず…松本重太郎の名は過去の実業家として世に記憶せらるるのみ今や氏の死は関西の金融に何ら影響する所なし」（六月二十一日）と、情け容赦なかった。

「今頃の人は松本重太郎といったって、殆ど知る人はないであろうが…」と書き始めるのは、晩年の重太郎を取材した雑誌「実業之世界」の記者。いきなり自宅を訪ねて、「どうしてあなたほどの人が失敗したのですか」との質問を浴びせると、「それはもう聞いて貰いたくない。この年をして人間世界の味がわかった。一口にいえば、自分がまず甘かった」と語った重太郎。

関西では住友財閥に次ぐ資産家だった重太郎。卓越した経営術を駆使し、一代で莫大な富を築き上げた男は、どこで、何を間違えて、つましい最期を迎えることになってしまったのだろう。

❖ 丁稚奉公から大実業家へ

松本重太郎は一八四四(弘化元)年十月五日に、丹後国竹野郡間人《たいざ》村(現京都府丹後国竹野郡間人)の農家の次男として生まれた。

数えで十歳の時、京都に出て呉服商で丁稚奉公を始め、三年後に大阪に移り十年ほど織物問屋で商売を学ぶ。そして数えで二十四歳のときに独立し、故郷の丹後と名前の重太郎を合わせた「丹重」という洋反物の店を開いた。

「断髪令が出る」との噂を聞いた重太郎は、帽子や襟巻きが売れると予測し、長崎に向かう外国船に飛び乗って大量に仕入れて大当たり。西南戦争が勃発すると、軍に必要な羅紗を買い占めて、高値で売りつけた。商機に敏感な重太郎は瞬く間に資産を築き、これを元手に銀行業へ進出する。

一八七八(明治十一)年、重太郎は第百三十国立銀行の設立免許を取得し、翌年二月に開業する。この銀行も順調に業績を拡大させ、十年後には預金が設立時の七倍、貸し出しも五倍に迫るまでの急成長を遂げる。

成功の秘訣は徹底した顧客重視の経営方針にあった。当時は半休だった土曜日を全日営業とし、送金手数料を無料にしたり、より高い預金金利を適用したりした上で、新聞広告で大々的に宣伝した。

融資については、「人物堅実」、「手腕ト技倆ト共ニ優秀」なら、「担保品ノ有無ハ敢テ甚ダシク問ウ所ナシ」と、無担保であっても新規事業には積極的な融資を行った。こうした融資の方針に焦げ付きを心配する役員もあったが、重太郎は意に介さなかったという。

一八九八(明治三一)年に「百三十銀行」に改称する頃には、周辺の銀行を相次いで吸収合併し、住友銀行と並ぶ大阪の二大銀行に成長していた。

❖鉄道と紡績に進出

銀行業に精力を注ぐ一方で、重太郎は新たな事業に乗り出す。鉄道業と紡績業だ。重太郎は「商工業の基礎は先ず銀行、ついで鉄道を経営することだ。そのあとで、紡績など他の事業を盛んにすることだ」と、口癖のように語っていた。そして、その実現に向けて走り出したのだ。

日本の私鉄の先駆けである「阪堺鉄道」(現南海電気鉄道)の開業に携わり、「山陽鉄道」(現JR山陽本線)の敷設にも参画する。大阪と舞鶴を結ぶ「阪鶴鉄道」(現JR福知山線)にも多額の資金を投入したが経営難が続き、株価が半額ほどに下落したため「半額鉄道」と揶揄される事態となる。

しかし、重太郎は怯むことなく、浪速鉄道(現JR片町線)、七尾鉄道(現JR七尾線)、豊洲鉄道(現JR日豊本線)など、多くの鉄道事業を手がけてゆく。

重太郎は紡績業にも乗り出した。一八八二(明治十五)年には大阪紡績(現東洋紡)の設立に関与し、一八九五(明治二十八)年には日本紡織を立ち上げて自らが社長に就任する。

重太郎はこの他にも、明治生命保険(現明治安田生命保険)や日本火災保険(現損保ジャパン日本興亜)などの金融機関、大阪麦酒(現アサヒビール)に明治炭坑など、多くの企業の設立や経営に関与。一八九七(明治三十)年の時点でその数は二十九社、うち十二社で頭取や社長など経営トップの地位にあった。こうした中、洋反物を扱う松本商店も順調に拡大し、やがて蔵を十三も持つまでの発展を見せることになる。

一八九六(明治二十九)年には衆議院議員に当選し、一八九九(明治三十二)年にはヨーロッパ視察旅行に出かけ、スコットランドの別荘にいたアメリカ経済界の巨人アンドリュー・カーネギーを訪ねた。

カーネギーは日本の政治・経済情勢を矢継ぎ早に質問し、営業中の鉄道の総マイル数や国民一人あたりの預金額なども尋ねてきて、重太郎を慌てさせたという。

「ぜひ日本にお越し下さい」という重太郎に、「うちのピッツバーグ工場で生産する一ヶ月分のレールを、あなたの国で敷いてくれたら、そのときには喜んでお訪ねしましょう」と、さりげなく語ったカーネギー。その生産量とは単線にして四千八百キロ分、東京=博多間のおよそ四倍に当たる長さだった。

カーネギーは、「国土が狭い日本だが、広くて資源豊かな中国と一衣帯水にあるのだから、地の利を生かせば世界的大事業もできる」と、重太郎を励ました。欧米の実業家のスケールの大きさに刺激を受けたのか、帰国報告会ではシルクハット姿で登場し、集まった人々の拍手喝采を浴びたという。

生け花、古書画などにも強い関心を示し、集めた自慢の茶道具を披露するため、毎年五月に園遊会を開催していたという重太郎。

関西では住友財閥の住友吉左衛門に次ぐ資産と所得を持つ大実業家の地位を築き上げた重太郎は、人生の絶頂期を迎えていたのだ。

❖瞬く間に地獄へ

関西実業界の重鎮となった頃、松本重太郎の事業は綻びを見せ始めていた。日清戦争後の景気悪化に加えて、一九〇一（明治三十四）年に大阪を中心に銀行の取り付けが起こる金融恐慌が発生する。これが重太郎傘下の企業群を直撃し、百三十銀行の不良債権を一気に膨らませていくこととなった。

とりわけ、日本紡織の業績悪化は深刻だった。日本紡織の製品は質が悪く、競争力に劣っていた。その上、主な輸出先であった中国で義和団の乱が起こったことで深刻な販売不振に陥り、原料の在庫のだぶつきと金利負担の増加が重なった。重太郎自身が経営する百三十銀行から、多額の当座貸し越しをすることで経営を支えざるを得なくなっていた日本紡織。重太郎は、架空利益を計上して配当を続ける「タコ足配当」に手を染めるほど、追い込まれてしまった。

日本紡織向けの不良債権が急増する中で、阪鶴鉄道など経営不振も追い打ちをかける。さらに、拡大路線が裏目に出た松本商店への融資も焦げ付き、百三十銀行の経営は資金繰りに苦しむほどの窮地に追い込まれたのだ。

❖ 個人資産を差し出した重太郎

一九〇四（明治三十七）年二月、経営不振の噂が流れたのか、京都の支店で預金引き出しが激しくなる。資金繰りに窮するようになった百三十銀行だが、他の銀行に支援を求めにくい事情があった。他行より高い金利を付けたり、手数料を安くしたりしていたことから、同業者の間で評判が悪く、頭を下げにくかったのだ。重太郎は急遽上京し、大蔵省や日本銀行に支援を要請した。井上馨や松方正義といった政財界の大物にも窮状を訴えた結果、重太郎は日本銀行から特別融資を引き出すことで急場を凌ぐことができた。

しかし、資金繰りは依然として苦しく、抜本的な経営再建が必要不可欠だった。そのためには、資金力のある新たな経営者を招く必要がある。白羽の矢が立てられたのが安田善次郎、重太郎のライバルと目されていた銀行家だった。

救済を求める重太郎に対して、安田は損失額や資産状況を問いただした。そのときの様子が、重太郎の生涯を描いた城山三郎の小説『気張る男』に描かれている。

「家屋もあるし、地所も道具もあるというがどうだ」

「そういうものなら、二十万や三十万はありますよって」

答えたとたん、

「それは、みな出しなさるか」

重太郎も負けずに鸚鵡返し。

「悉皆《しっかい》出します」

自分の地位と財産を引き換えに、百三十銀行を救ってほしいという重太郎。この言葉を受けた安田は、再建を引き受ける準備を始める。銀行の経営状況を徹底的に調べ上げ、債権を整理すると同時に、政府と交渉して日本銀行からの特別融資を受けることで、百三十銀行は倒産を免れたのであった。

一九〇四（明治三十七）年七月、安田は百三十銀行の経営権を握った。頭取の職を辞した重太郎は、堂島の豪邸を始めとした不動産、高級な道具や家財道具など、総額百一万円の個人資産を差し出した。家賃十円の借家暮らしを始めた重太郎、部屋数は三つ、台所と三坪ほどの坪庭、玄関は道路に直接面するという粗末な家だった。

「我は空拳を以て起ちたる者、素の裸一貫に復《かえ》る又何をか悔いんや」と語った重太郎。経済界の第一線から退いた重太郎は、一九一三（大正二）年六月二十日、六十八歳でその生涯を終えた。京都に丁稚奉公に出てから六十年、関西財界屈指の資産家に上りつめた男の静かな最期であった。

失敗の本質

ベンチャー投資に燃えてしまった銀行家

「西の渋沢」とまでいわれた松本重太郎は、なぜ全てを失ってしまったのか。重太郎のビジネスの中核にあったのが百三十銀行であり、その破綻によって三十社に迫る傘下企業からも放逐されることになった。そこには銀行家としての経営方針の誤りと、マネジメント力の欠如があったのだ。

失敗の本質① 銀行と事業会社が一体になる恐さ

大蔵省が行った百三十銀行に対する検査報告は、「頭取松本が自分の金融機関として同行を利用したこと」が一因であったと指摘している。

重太郎は銀行家であると同時に、三十社近い企業の経営者でもあった。そして、これら傘下企業で資金が必要になった場合、重太郎は焦げ付きリスクを無視した情実融資を続けた。これが大きな不良債権を生み出す結果となり、百三十銀行の経営破綻を招いてしまったというのだ。

こうした情実融資は企業の放漫経営を助長することにもなる。

企業の経営が悪化して追加融資を求めてきた場合、銀行は経営改善を条件に可否を判断する。経営改善の見込みがないと判断すれば、追加融資どころか融資の引き揚げに踏み切るため、企業側は懸命に経営改善に向けた努力をすることになる。しかし、苦しくなったら何時でも追加融資が受けられることになれば、経営者はリスクに鈍感になり、経営悪化の原因を探ることもなくなるだろう。

経済学者の石井寛治は、「『起業家』としては当然撤退の判断をなすべき時に、半身が『銀行家』であったために、関係事業に救済資金を注ぎ込み続けた揚げ句、再起不能の事態を招いた」と重太郎の経営姿勢の問題点を指摘する。経営史を研究する黒羽雅子も「百三十銀行という大銀行の看板があるが故に、リスクに対して無防備になったかもしれない」としている。

こうした情実融資が行われた場合、現代では背任罪や特別背任罪に問われる可能性もある。しかし、重太郎が生きた当時は、銀行家がその資本を利用して企業を設立したり、反対に事業で成功した者がその資産を利用して銀行を設立したりすることが当たり前のように行われていた。銀行家と企業家の区別も不明確だった時代であり、重太郎もごく自然に傘下企業への情実融資を続けてしまった。これが百三十銀行破綻の大きな原因と考えられるのだ。

失敗の本質② ベンチャー投資と融資の違い

重太郎の融資姿勢の問題点は情実融資だけではなかった。

顧客重視を掲げていた重太郎の融資判断は「人物本位」であり、将来性があるとみれば、無担保で融資をしていた。重太郎には産業振興という崇高な目標があった。事業がままならずに資金繰りに困っている経営者にとってこれほど有り難い存在はない。その点で重太郎は大変に人気があったが、こうした経営方針は銀行家として失格である。

銀行のビジネスモデルを改めて考えみよう。

銀行は多くの人々から預金を集め、それを融資に回して利ざやを稼ぐビジネスである。当たり前のことだが、融資に使われている大半の資金は預金者のものであり、銀行家個人のものではない。

百三十銀行の支店の中には、独断で融資を行うケースが珍しくなかった。大蔵省の検査報告は、これを「行員が忠実ではなかった」としているが、これは重太郎の方針に倣ってのこと。その点では「忠実であった」わけだが、これも不良債権を膨らませる一因となっていた。

どんな時代でも、銀行は「悪者」として描かれてきた。「担保がない」「事業の将来性が疑問だ」などと様々な理由をつけて融資を渋る一方で、支払いが少しでも遅延すると容赦なく融資を打ち切る。融資先の従業員やその家族がどうなってもかまわないという冷酷な態度を取るわけだが、これは預金者を守るためのリスクマネジメントであり、銀行の傲慢でもエゴでもないのだ。

銀行家には情を排した厳しい経営姿勢が求められるのであり、決して「人気者」にはなれない。重太郎は多くの人から感謝される銀行家だったが、それは経営姿勢の緩さを物語るものでもあった。

銀行家を貫いた安田善次郎

重太郎とは対照的に、銀行家としての厳格な姿勢を貫いてきたのが、百三十銀行の再建を委ねられた安田善次郎だった。当時の雑誌「実業之日本」で、重太郎と安田を比較した記事は、重太郎の人気が高いのに比べて、安田がその事業歴の割に目立たない存在だと指摘した。重太郎は全力で走り回る「駝鳥《だちょう》」のようで、小説を読んでいるような派手さがある。ところが安田は、「遅牛《おそうし》」のように歩みが遅く、人々の耳目を集めにくいというのだ。しかし、安田は銀行家としての基本的な姿勢を貫いただけのことであり、これがその銀行経営を揺るぎないものにしていたのである。

一方の重太郎は、起業家の志を尊重するあまり、焦げ付きリスクを軽視した融資を実行してきた。これが許されるのは、ベンチャーキャピタルだ。ベンチャーキャピタルは、「融資」ではなく、自分の資金を使った「投資」を行う。損失が発生した場合、全てを自分がかぶることになり、預金者を巻き込むことはない。重太郎が百三十銀行で行っていたのは、銀行のビジネスモデルではなく、ベンチャーキャピタルのビジネスモデルであった。

安田は銀行とベンチャーキャピタルをはっきりと区別していた。それを物語るエピソードが残されている。

ある日のこと、日本各地で鉄道事業を展開している雨宮敬次郎が資金繰りに困り、安田の銀行を訪れて手形の割引を迫った。応対した行員は銀行の審査基準に照らして融資はできないと回答すると、激高した雨宮は安田に直談判を求めた。

雨宮と面会した安田はまず、審査基準を守ろうとした行員を褒めた。その上で安田は、雨宮に資金の提供を申し出る。その資金は銀行からではなく、安田の個人資産から出されたもので、雨宮が求めていた当座の資金のみならず、将来にわたる事業資金まで賄うものであった。

安田は銀行による「融資」ではなく、雨宮の資質と将来性を買って、個人としての「投資」を行ったのだ。自己資金であるために、回収不能に陥っても、預金者に迷惑をかけることはない。安田は銀行家ではなく、ベンチャーキャピタリストとして資金を提供したのであった。

安田と比べたとき、重太郎の銀行家としての問題点が際立ってくる。前出の黒羽雅子は「松本が銀行創設時に唱えた『対人本意』の融資の方針は、同行がベンチャーキャピタル的な役割を果たそうというものである。だが、銀行資本が融資という形でこうしたリスクを直接的にとることは難しい」とした上で、「後年の松本はリスク管理能力の欠如した銀行経営者であったと結論せざるをえない」と指摘する。

日本の産業振興を図りたいという理念の下で、積極的な融資を行っていた重太郎。その姿勢はベンチャーキャピタリストとしては許されても、銀行家としては許されないものであった。銀行家としてのリスクマネジメント意識の欠如も、重太郎の失敗の本質の一つだったのだ。

失敗の本質③ 一人で経営できるのは何社まで？

マネジメント力の不足も、重太郎が失敗する要因だった。重太郎が経営に関与している会社は二十九社で、そのうち十二社でトップの地位にあった。

日本経営史を研究する宮本又郎博士は、「松本重太郎はあまりに多くの事業に手を拡げ、それを自分自身や親しいものだけで経営しようとしたところに弱点があった」「重太郎のようにかかわる事業範囲が広範になれば、事実上いずれの会社においてもトップの職責を果たすのが困難になる」としている。そして、「複数事業単位、複数職能単位をもつ大企業においては、階層的経営者組織とそれへの権限委譲が重要となる」と指摘する。宮本は渋沢栄一が、社長ではなく相談役的な地位に立ち、実務は信頼できる人間に委ねたことを引き合いに出し、こうしたマネジメント力の差が、重太郎が「大阪の渋沢」になりえなかった理由だとしている。

こうした経営をしていたのは重太郎に限ったものではなく、その危険性は早くから指摘されていた。

一八九七(明治三十)年七月、三菱財閥の総帥で日銀総裁の地位にあった岩崎弥之助は、関西の銀行家を前に講演し、「如何なる人と雖《いえど》も限《かぎり》ある知識を以て限なき事業を処理すること難《かた》し」とした上で、「分業の方針に出でられんことを希望するものなり」と警鐘を鳴らした。岩崎が率いる三菱財閥では、早くから分業体制が確立され、マネジメント力を高める努力が行われていた。これがその永続的な発展を可能にしたといえるだろう。

全責任を一人で背負った重圧があったのだろうか、重太郎は経営者として許されない過ちを犯すことになる。傘下の大阪アルカリや日本紡織が経営不振に陥った際、架空の利益を計上する粉飾決算に手を染めてしまったのだ。重太郎は経営危機が一時的なものであると考え、あくまでも緊急措置のつもりであったようだ。今さえ踏ん張れば、必ず業績は回復すると信じていたのだが、これが傷口を広げることとなってしまう。

これは企業経営者として決して許される行為ではない。経営状況を正確に把握して情報公開を行い、的確な損失処理を行うことこそ、経営者に求められる絶対条件だ。大蔵省の検査報告も百三十銀行の破綻原因の一つとして「一時の弥縫策によって失敗を拡大してしまったこと」と指摘している。全てを一人で背負った結果、重太郎は自らもマネジメントできなくなってしまったといえるだろう。

明治維新を契機に、日本は欧米型の資本主義経済へ急激に移行していった。

伝統的な知見や経験が通用しなくなる中、重太郎は努力と突進力で乗り切ろうとした。しかし、力が及ばずに、蹉跌を招いてしまったといえるのではないだろうか。

❖ 残された大きな遺産

一九九〇年代、バブル崩壊とともに発生した未曾有の金融危機によって、多くの銀行が破綻した。バブルの時代に行われていたのは、十分な審査が行われないままの不動産や株式投資、安易なリゾート開発などへの巨額融資であった。そこには安田の銀行家としての堅実さも、重太郎が追い求めていた産業振興の夢や気概などは微塵もなかった。しかし、多くの銀行経営者はその過ちを明確に認めず、その多くが巨額の退職金を平然と受け取っているのである。

二〇〇八年九月十五日、リーマン・ブラザーズの経営破綻をきっかけとした世界的規模の金融危機は、リスクの高いサブプライムローンに大量の資金を投入するなど、金融機関経営者の安易な経営姿勢を浮き彫りにした。その処理には巨額の公的資金が投入されたが、経営者の多くが明確な責任を取ることはなかった。

エンロン、ワールドコム、東芝…。二十一世紀に入ってからも、日米の名門企業で次々に不正や適正を欠いた会計処理が発覚し、経営破綻や経営危機を招いている。カリスマとして脚光を浴びる経営者が、実は不正会計に手を染め、人々を欺いていた事例もしばしば起こっているのだ。

重太郎も同じような過ちを犯してしまった。しかし、素直にその過ちを認め、全財産を差し出して、潔く身を引いている。見事な身の処し方だといえるだろう。

一九一三（大正二）年六月二十五日に行われた松本重太郎の葬儀には、三千人を超える会葬者があった。重太郎の生涯が綴られた『双軒松本重太郎翁伝』は、その様子を「空前の大葬儀とも云ふべかりき、以て生前に於ける翁が声望の尋常に非ざりしを想見し得べく、又以て翁が実業界に貢献せしることの如何許り博大なりしかを知るに足るべしとなす」と記す。

その蹉跌を容赦なく書き立てた東京朝日新聞も、「大阪の商業をして今日に盛大に致したるの功は特筆大書にして傳《つた》ふべきなり」と記して、追悼記事を終えている。

東洋紡やアサヒビール、南海電気鉄道や後にJRとなる多くの鉄道会社など、重太郎が設立したり、資金を援助したりした多くの企業が、日本経済の中核を担っている。銀行家としては問題があっても、ベンチャーキャピタリストとしては、大きな功績を残したことは間違いない。

前出の宮本は重太郎について、「近代銀行家、産業経営者としては重太郎に欠陥があったこともまた否定できない」とした上で、「明治の大変動期に重太郎が果たしたベンチャーキャピタリスト、エンゼル、あるいは投資ファンドとしての役割は忘れるべきでない」と、その功績を高く評価している。

「私の関係した仕事は、一つとして潰れるものはあるまい。この松本はどうなっても構わない。仕事が遺《のこ》れば、結局、松本ものこるわけです」と語った重太郎。

高い志を持ち、激動の時代を駆け抜けようとして、結局は住む家にさえ困る中で、生涯を終えた松本重太郎。その無念さは計り知れないが、現代の経営者がその蹉跌から学ぶべきことは多いといえるだろう。

Chapter 4

転落した天才に学ぶ

「幸せの本質」

Case 11

薩摩治郎八

パリ社交界の花形「バロン薩摩」の最期は建売住宅

朝日新聞社 提供

❖「可愛い家」で迎えた最期

男が人生の最期を迎えたのは、広さ二十坪の建売住宅だった。

場所は妻の故郷である徳島県徳島市。阿波踊り見物に来ていた男は、脳溢血で倒れてそのまま療養生活に入り、妻が習ったばかりの洋裁で生活を支えた。二間の賃貸アパートから、住宅ローンを組んで購入した建売住宅に引っ越ししたとき、男は「何て可愛い家なんだろう」と喜んだという。

一九七六年二月二十二日、男が七十四年の生涯を終えると、「可愛い家」はフランスを始めとした各国の大使館、商社やマスコミなどからの生花であふれた。新聞や雑誌には追悼記事が掲載され、テレビでも特集番組が放送されるなど、その生涯が改めてクローズアップされる。

男の名前は薩摩治郎八。長くフランス・パリで暮らした治郎八は、日仏の文化交流に大きく貢献し、画家の藤田嗣治を始めとした多くの芸術家の活動を支えた。また、画家のマリー・ローランサン、作曲家のモーリス・ラヴェルやイゴール・ストラビンスキーらの知己を得るなど、名だたる芸術家たちとの華麗な交流でも知られていた。

その豪胆なお金の使いっぷりから、爵位もないのに「バロン・サツマ」と呼ばれたり、「東洋のロックフェラー」と呼ばれたりした治郎八。東京・神田にあった敷地千五百坪の豪邸を「あれはバラック」と言ってのけた男は、小さな建売住宅でその生涯を終えたのだった。

パリの社交界で輝きを放った、薩摩治郎八とは何者なのか。豪勢な生活をどうやって手に入れたのか。どのような思いを抱きながら、「可愛い家」での最期を迎えたのだろう。

❖「バロン薩摩」の誕生

薩摩治郎八は一九〇一（明治三十四）年四月十三日、東京・神田で生まれた。九段下にあった精華小学校から開成中学に進学したが、登校拒否になって、大磯にあった別荘でワーズワースやシラー、シェリーなどの欧州文学に耽溺するようになる。

日本の教育に馴染めなかった治郎八は、一九二〇（大正九）年に法律を学ぶためにイギリス・ロンドンに向かった。

時に治郎八は十九歳、その後に続く長い欧州生活の始まりであった。

ロンドンに着いた治郎八はスーツに山高帽、金の把手の洋傘など、伝統的な英国紳士の身支度を調えたものの、肝心の勉強を始める様子はなかった。

運転手付きの高級車ダイムラーに乗って、連日のように音楽会やオペラ、バレエに通ったり、ボンド・ストリートの高級美術商を訪れたりした。ロシア・バレエ団のプリマドンナ、タマーラ・カルサヴィッチの大ファンになり、楽屋に通うほど夢中になったという。「アラビアのローレンス」として知られるトーマス・エドワード・ローレンスや、シャーロック・ホームズシリーズで知られる大作家コナン・ドイルらと会う機会も得た治郎八は、文化交流にのめり込んでいく。

法律の勉強という当初の目的を放棄した治郎八は、更なる刺激を求めてパリに向かった。高級アパルトマンに居を構えた治郎八は、パリの社交界にデビュー。画家のマリー・ローランサンや作家のジャン・コクトー、作曲家のイゴール・ストラビンスキーやモーリス・ラヴェルなど、時代の最先端を走る芸術家たちと次々に面識を持ち、芸術談議に花を咲かせたという。

かなりの美男子であった治郎八は、恋愛遍歴も華麗だった。

「ヴェルサイユ宮殿の奥深い庭は我々二人のランデブーの場所となった」(自著『せ・し・ぼん』所収のエッセイ「わが半生の夢」)と、恋人との逢瀬を語った治郎八。「当時売り出しのマリー・ローランサンの理想的なモデルとして描かれた美人」だったというお相手は、親しくしていたピアニストの夫人だったが、人目をはばかることなくパーティーに連れ立ったという。

また、別の女性を巡って、決闘をしたこともあった。治郎八は偶然立ち寄ったモンマルトルの劇場で、一人の踊り子に心を奪われた。大女優サラ・ベルナールが可愛がっていた女優の卵だったが、すでにある侯爵と関係があった。それでも交際を始めた治郎八に侯爵は激怒して、ピストルを使った決闘を申し込む。結果は治郎八の勝利、銃弾が右手をかすめた侯爵は女性との関係を解消。治郎八は南フランスの海岸で、二人きりの時間を過ごしたという。

❖豪邸の建設と華麗な結婚

パリでの生活を謳歌していた治郎八が、日本に戻ったのは一九二五(大正十四)年のことだ。帰国した治郎八は広大な神田・駿河台の敷地に、フランス風の新居"Villa mon caprice"(「気まぐれ荘」)を建てた。

作家の獅子文六が、治郎八をモデルに書いた小説『但馬太郎治伝』の中に、この屋敷が出てくる。「二十畳ぐらいの広い純粋の洋室で、正面に、すばらしい大理石のマントルピースが見えた」、「大シャンデリアのある天井も、周囲の壁も、日本には珍しい、フラゴナール風の筆致で、長い裳をひるがえして、ブランコへ乗る貴婦人だの、森だの、池だの、矢をつがえて、空を飛ぶキューピットだのが、極めて緻密に描いてある」と、パリのお屋敷風の豪邸だったことが分かる。

治郎八が結婚したのもこの時期だった。お相手は山田千代、山田英夫伯爵の令嬢で大変に美しい女性だった。

一九二六(大正十五)年三月一三日、帝国ホテルで開かれた披露宴には、徳川義親侯爵を始めとした華族たちに加えて、駐日フランス大使ポール・クローデルや詩人で作家の堀内大學など、そうそうたる面々が顔を揃えた。

自宅を建設し、結婚もした治郎八だったが、日本で暮らし続けることなど眼中になかった。結婚から半年後、治郎八は再びパリへ向かい、新婦の千代を社交界デビューさせる。

「私が妻に造ってやった特製の自動車は、純銀の車体に淡紫の塗りで、運転手の制服は銀ねずみに純金の定紋、妻の衣服はリュー・ド・ラペのミランド製の淡紫に銀色のビロードのタイニエールであった。これでカンヌの自動車エレガンス・コンクールに出場し、瑞典王室その他の車と競って、特別大賞を獲得した」(「わが半生の夢」)と、書き記した治郎八。

「マダム・サツマの自動車は、マリー・アントワネットの儀装馬車以来だ」と語られるほど注目を集めた千代は、ファッション紙「ミネルヴァ」の一面を飾るなど、フランスのセレブたちの注目を浴びる存在になる。

❖日仏文化交流の拠点を建設

二度目のパリ生活で、治郎八が最も力を注いだのが「日本館」の建設だった。日本人留学生のための施設で、日仏文化交流の拠点としての役割も担っていた。設計をフランス人建築家ピエール・サルドゥーに依頼し、パリで活躍中の藤田嗣治に壁画を依頼するほどの力の入れようであった。地上七階・地下一階、現在の貨幣価値で十億円ともいわれる建築費の全てを治郎八が負担した。

一九二九(昭和四)年五月十日に行われた開館式には、フランスのドゥメルグ大統領やポワンカレ首相らが顔を揃えた。軍楽隊が日仏の国歌を吹奏するのを聴き、「生涯で最も印象深かった瞬間」と振り返る治郎八。続いて開かれたパリ屈指の高級ホテルであるリッツでの晩餐会で、栄誉ある「レジョン・ド・ヌール勲章」が治郎八に贈られた。この後さらに、モンマルトル・フロマンタン通りにあるキャバレー「ル・グラン・エカール」での慰労会が続き、ラヴェルや藤田嗣治らも顔を見せたという。

この日に治郎八が使ったお金は、晩餐会だけで現在の貨幣価値にして一億円以上といわれている。パリの社交界で注目を浴び、多くの芸術家たちと親交を深め、日仏の文化交流に大きく貢献した治郎八は、その人生の絶頂にあったのだ。

しかし、これだけの資金を、治郎八はどうやって捻出していたのだろうか。

治郎八は無職だった。働いた経験すらなかった。ロンドンやパリでの滞在費や社交費用、高級な自動車に衣装代、芸術家への支援から日本館の建設にいたるまで、その全てが実家からの仕送りで賄われていたのだ。

薩摩家は日本屈指の木綿問屋で資産家だった。月の仕送り額は一万円、現在の貨幣価値で数千万円に相当するという大金だ。治郎八がヨーロッパ滞在中に使ったお金は二百億円とも、六百億円とも、八百億円ともいわれている。薩摩治郎八はとんでもない「放蕩息子」だったのである。

❖ 薩摩家の隆盛と衰退

薩摩治郎八は、近江の豪商薩摩家の「三代目」だった。莫大な資産を一代で築いたのが初代の薩摩治兵衛、治郎八の祖父だ。一八三〇(天保元)年(*1)に近江国の農家に生まれた治兵衛は、七歳のときに父親が亡くなり、田畑も家も失って極貧生活を強いられる。

十六歳で日本橋の呉服屋に奉公した後、一八六七（慶応三）年に木綿商として独立した治兵衛は、薩摩治兵衛商店（後の「薩摩商店」）を開業する。商才に長けていた治兵衛は、西南戦争が始まると木綿の需要が増大すると予測して買い占めを行ったり、横浜で輸入品を扱ったりすることで大成功を収め、瞬く間に「明治の綿業王」と呼ばれるまでの地位と財産を築き上げる。

その財力を物語るのが、治兵衛が建てたお屋敷群だ。東京・神田に建てられた本宅は、「富豪麕集《くんしゅう》せる神田に於いて殷富《いんぷ》第一を以て数へらるるもの」（『大正人名辞典』）と、富裕層がこぞって屋敷を建てた神田界隈にあって、とりわけ大きな豪邸であった。この他にも、神奈川県の大磯と箱根、さらには京都の南禅寺界隈にも、豪勢な別荘を購入している。

初代の治兵衛は、一九〇〇（明治三十三）年に長男に家督を譲り、一九〇九（明治四十二）年二月二十二日に、七十八歳の生涯を終えた。その死を伝えた「中外商業新報」（日本経済新聞の前身）は、治兵衛を「我国金巾《かなきん》商の巨擘《きょへき》」とした上で、「克己勤勉の権化」「吝嗇に陥らず、貧民救済などにも金品を投じ」と、その人格を称えている。

二代目の薩摩治兵衛、つまり治郎八の父親は、初代とは異なり商売にあまり関心を示さなかった。店の切り盛りは番頭に任せ、自らは温室を造って蘭の栽培をしたり、桂離宮を模した豪邸を建てたり、高級外車ビュイックを買うなどしていたという。

しかし、二代目に引き継がれた後も、薩摩商店の経営は総じて順調だった。関東大震災で、神田の邸宅は焼け落ちたものの、渋谷・初台に新たな土地を購入して再建し、跡地を治郎八に譲る余裕があり、巨額の仕送りも続けることができたのである。

❖ 薩摩商店の閉店と妻・千代の病

盤石に見えた薩摩商店の経営だったが、昭和に入ると一変する。

一九二七（昭和二）年の昭和金融恐慌に、一九二九（昭和四）年の「暗黒の木曜日」に始まる株価暴落と世界恐慌が追い打ちをかける。満州事変以降は、繊維業界全体が市況悪化から苦境に立たされた。薩摩商店も例外ではなく、一九一二（大正元）年には十六万円を超えていた二代目治兵衛の所得額も、一九三〇（昭和五）年には二万五千円ほどにまで落ち込んでいる。

二代目治兵衛が苦しんでいる中にあって、三代目になるはずの治郎八は家業には全く関心を示さず、パリから仕送りを求め続けた。

仕送りが滞ると、治郎八は「逆為替」という手段に出たという。パリの銀行で融資を受け、その支払いを日本の薩摩商店に求めるという方法だ。薩摩商店という後ろ盾があることから、銀行は治郎八に融資してくれる。一方の薩摩商店は、信用を維持するために、支払わざるを得なかったのだ。

薩摩商店が苦境に陥る中、今度は妻の千代が結核に感染してしまう。一九三五（昭和十）年、治郎八は千代を日本に連れて帰り、堀辰雄の小説『風立ちぬ』の舞台になったことでも知られる、長野県諏訪郡の富士見高原療養所に入院させた。

この帰国の際に、治郎八は薩摩商店の行く末について、そして三代目としてどうするべきかについて、父親である二代目治兵衛と話し合ったに違いない。治郎八は家業については何も書き残してないが、一切の関与を拒否したのだろう。この年、二代目治兵衛は、薩摩商店の閉店を決断している。治郎八が引き継いでくれない以上、薩摩商店の経営継続は困難だと判断したのではないだろうか。

一方の治郎八は、自宅の「気まぐれ荘」を売却して資金を捻出すると、一九三九（昭和十四）年に、千代夫人を残したままフランスに戻った。その翌年の五月十日、ヒトラーのドイツがフランスに侵攻を開始しても、治郎八はフランスに留まった。パリで活躍していた画家の藤田嗣治らが帰国を余儀なくされる中、治郎八はカンヌなどフランス南部に拠点を移しながらも、日本に戻ることはなかったのだ。

その間も、治郎八は実家に仕送りを求め続けていた。

「私は四十で公生活をして外界に対し己の名誉と地位を守らねばならぬ。それを考えていただきたい。私が気に入らぬなら、その旨ハッキリ云われる事。…すでに三月二十七日付けの手紙御落手、解られた事と思ふが、相変わらず電信なし。犬死せよとの事か。五万八千五百円即決せねば、断然前記の如き解決方法を願上ぐ。さもなくば、ひぼしにされて了ふわけ。之れを最後とす。よくお考願い即時即決の事」(一九四一年四月八日付 父親宛書簡)。

第二次世界大戦が終結してもなお、治郎八はパリに留まり続けた。日本の敗戦を聞いても、千代夫人が一九四九(昭和二十四)年に亡くなっても、帰国しようとはしなかったのだ。

治郎八が日本に戻ったのは、一九五一(昭和二十六)年五月のこと。パリでの活動資金が底をついた上に、日本館の建設などで協力関係にあったアンドレ・オノラが亡くなったことも大きな理由だったようだ。

❖第二の人生が始まった

日本に戻ってきた治郎八は五十歳、まとまった資産もなく、パリの思い出話を綴った『せ・し・ぼん』を出版したり、雑誌にエッセイを寄稿するなどして暮らしていた。

そうした中で、治郎八は二度目の結婚をする。お相手は浅草座という劇場で踊っていた真鍋利子である。治郎八は劇場に足繁く通い、「ごきげんよう」と踊り子たちに声をかけることから「ごきげんようの先生」と呼ばれていた。利子を見初めた治郎八は、薔薇の花を手始めに、天丼やカツ丼、ケーキやフルーツなどを小さなカードを添えて楽屋に届け、終演後には自宅近くまで送るようになる。

そんなある日、利子は実家からの手紙を受け取った。手紙には治郎八が両親に宛てた手紙が同封してあり、「利子さんと結婚したい」と書かれていたという。驚いた両親が「どうなってんだ」と尋ねてきたことで、利子は治郎八の気持ちを知ったのだった。

時に治郎八は五十五歳、利子は二十五歳。三十歳もの年齢差に、利子は当惑したという。しかし、ある日の晩、利子を送った後に「それじゃ」と言って帰ってゆく治郎八の寂しそうな後ろ姿を見た。このとき、「私がこの人の役に立つならば…」と、結婚の意思を固めたという。

「年の順からいえば主人の方が先にいなくなるのがわかっていたので、ひとりになっても困らないように東京で洋裁学校に通ったんです」。踊り子をやめて、将来に備え始めた利子だったが、それがすぐに役に立つことになった。

結婚から三年ほど経った一九五九年八月二十二日、利子の実家がある徳島市に阿波踊りを見物に来ていた治郎八は病に倒れる。「軽い脳溢血です。一ヶ月もすれば東京へ帰れるでしょう」という当初の診断とは裏腹に、療養生活は長引き、治郎八は亡くなるまでの十六年間を徳島で暮らすことになった。

後に体調が回復した治郎八は、フランス政府の招待を受けて二回渡仏し、利子も同行することができた。亡くなったのは一九七六年二月二十二日、七十四年の生涯だった。

「カネなんか残してもしかたないね。どうせ、祖父がポカンと作った財産です。私が無くしてしまったって、どおってことありません。何も後悔はないですよ」と語った治郎八。

その言葉通り、治郎八は三代目を継ぐこともなく、薩摩家の莫大な資産を、見事に使い切ってみせたのだった。

「サマリア人のジレンマ」による事業承継の失敗

「明治の綿業王」と呼ばれた初代薩摩治兵衛が築いた巨額の資産を、きれいに使い果たした孫の薩摩治郎八。それを許してしまった、父親の二代目薩摩治兵衛。「三代目が会社を潰す」という格言そのままに、隆盛を誇った薩摩商店は、三代目に引き継がれる前に閉店することとなってしまった。その原因は大きく二つ挙げられる。「サマリア人のジレンマ」と事業承継の失敗だ。

失敗の本質 ①「サマリア人のジレンマ」に陥った父・治兵衛

二代目薩摩治兵衛は、薩摩商店の経営が苦しくなっても、可能な限り息子の治郎八への仕送りを続けた。そこには父親としての深い愛情があり、いずれは三代目として店を継いでくれるという期待もあったのだろう。しかし、こうした二代目治兵衛の思いやりが、治郎八の放蕩を許し、家業から更に遠ざける結果となる。

二代目治兵衛が陥った悪循環が、「サマリア人のジレンマ」だ。ノーベル経済学賞を受賞した経済学者ジェームズ・M・ブキャナンが考え出した概念で、新約聖書に出てくる「善きサマリア人」に由来している。

サマリア人は苦しんでいる人に深く同情し、どんな場合でも惜しみない援助を与えてくれる「善き人」として新約聖書に描かれている。ところが、その存在が知られると、その善意を悪用する人が出てきてしまう。仕事を放棄したり、放蕩の限りを尽くしたりしたあげく、サマリア人から援助を受けようとするのだ。

同じようなことが、公共政策でも発生することがある。政府が生活保護費や失業手当を充実させると、それをいいことに働かなくなる人が増えてしまう恐れがある。国民を窮地から救い、自立を促すための政策が、反対の結果を生み出してしまう。ブキャナンはこうした状況を、「サマリア人のジレンマ」と名付けて、問題提起をしたのだった。

二代目治兵衛も、サマリア人のジレンマに陥っていたのだろう。息子の治郎八を深く愛し、立派に育ってくれることを期待して、求められるままに援助を続けた。ところが治郎八は、父親がどんな場合でも自分を助けてくれる「サマリア人」であることを知っていた。その結果、家業には目もくれず、仕送りを求め続けることになってしまったというわけだ。

「小遣い一括払い」が投資家を育てた

サマリア人のジレンマは、援助を打ち切れば解消できるが、現実的とはいえない。そこで善意の悪用を防ぎ、自助努力を引き出すことを可能にする方策として、援助に一定の条件を付けることが考えられる。求められるままに援助をするのではなく、金額や期間に制限を設けたり、何らかの成果を引き換えにしたりすることで、子供の自助努力を引き出していくのだ。

これを実践した興味深い例がある。投資家の村上世彰氏とその父親だ。村上氏の著書『生涯投資家』に、このようなエピソードが出てくる。

子供の頃、村上氏は父親に、「お小遣いちょうだい、ちょうだい」と、しばしばせがんでいたという。父親がある行動に出たのは、村上氏が小学校三年生のときだった。父親は百万円の現金を村上氏の前に置き、「世彰は、いつも小遣いちょうだいと言うが、いま百万円あげてもいい。ただしこれは、大学を卒業するまでのお小遣いだ。どうする?」と問いかけたのだ。前払いしてもらったお小遣いで、村上氏は株式投資を始めて、利益を生み出していく。これが投資家としての第一歩となったのというのだ。

求められるままにお小遣いを与えるのではなく、一定の条件の下で、その使い方を子供自身で考えさせる。これによって、お小遣いが際限なく増えることもなく、子供の金銭感覚も磨かれていき、サマリア人のジレンマを回避できるというわけだ。

二代目治兵衛は治郎八を援助するにしても、最初に上限を設定したり、薩摩商店を引き継ぐことを条件にしたりしていれば、異なった結果になったかもしれない。しかし、薩摩家にはあまりに大きな資産があり、二代目治兵衛はためらいもなく援助を続けた。これが薩摩商店の経営体力を弱め、治郎八を家業から遠ざける結果となってしまったのだ。

失敗の本質② 創業者の精神が薄まっていく

「売り家と唐様で書く三代目」ということわざがある。初代が苦心の末に財産を築き上げても、三代目になると家を売りに出すまで没落してしまう。粋な「唐様」という字体で書かれた「売り家」の札は、三代目の道楽ぶりを物語っているというのだ。

薩摩商店もこの典型といえるだろう。初代の薩摩治兵衛は、極貧の中から身を起こして、日本屈指の木綿問屋となるが、三代目になるはずの治郎八は、家業には全く興味を示さずに、文化支援事業に莫大な資産を注ぎ込んだ結果、薩摩商店は閉店を余儀なくされた。

なぜ、三代目が事業を潰してしまうのか。初代から二代目への事業承継は、三代目に比べるとスムーズに行われることが多いようだ。二代目は初代の苦労を目の当たりにし、その仕事ぶりを直接見たり聞いたりすることで、経営理念の承継が自然に行われるからだろう。また、初代と共に働いた古参の社員が多く残っていることから、経営ノウハウも残されている。更に、初代が金銭的な苦労を重ねている場合が多く、二代目にも質素倹約を求めて、無駄遣いを許さないのだ。

ところが三代目への事業承継では、状況が異なってくる。時間の経過と共に、初代が打ち立てた創業理念は希薄化し、古参の社員も去ってしまうために経営ノウハウも失われていく。また大きな資産があるために、贅沢な生活にも陥りがちで、ハングリー精神も失われて事業欲も高まりにくい。

その一方で、初代が築いたビジネスモデルが陳腐化し、競争力を失う時機にさしかかる。それゆえに三代目には初代に匹敵する高い経営能力が求められるのだが、その資質を備えているものは少数だ。こうしたことが重なるため、三代目が会社を潰すというケースが目立つのだろう。

事業承継の失敗が続いた薩摩商店

薩摩商店でも事業承継の失敗が起こっていた。二代目が生まれたのは初代が五十一歳のときと遅く、家督を譲ったのは十九歳のときだった。初代の苦労を知ることもなく、経営ノウハウを学ぶこともなかった二代目には、すでに「三代目の兆候」が表れていた。

「父の時代になると、商業的雰囲気は家庭から一掃されて了《しま》った」と振り返るのは、三代目を継ぐはずだった治郎八。「蘭の花と洋書に凝った父は、日本古美術に関心をもっていたが、それやこれやで家庭の話題は芸術的なことに花が咲くほうが多かった」というのだ。二代目がこうした状況では、治郎八が家業に関心を持ち、力を注ぐことなど考えられなかったのである。

そこに昭和の金融恐慌が襲いかかった。ビジネスモデルの再構築を迫られた薩摩商店だったが、二代目がリーダーシップを発揮することはなく、三代目は経営に無関心だった。これでは経営を維持するのは困難だ。

優れた商才で薩摩商店を発展させた初代だったが、二代目への事業承継には失敗した。二代目の事業承継に対する認識は更に低くなり、三代目となるはずの治郎八に好き放題させてしまう。薩摩商店が閉店に追い込まれたのは、資産を使いまくった治郎八一人の責任ではなく、初代と二代目を含めた、薩摩商店全体の事業承継失敗にあったといえるだろう。

もし「ファミリーオフィス」があったなら

事業承継は企業を創業したり、発展させたりするよりも困難な場合があり、オーナー企業経営者の大きな課題となっている。しかし、薩摩商店で見られるように、親と子供、孫という血縁関係があることから、思うような決断ができないのも事実だろう。

こうしたことから、アメリカでは「ファミリーオフィス」が広く活用されている。オーナー経営者一族(ファミリー)の資産管理や運用などを、ファミリーオフィスという外部機関に委ねるというもので、カーネギー家やロックフェラー家などの大富豪が先駆けとされている。

ファミリーオフィスが対象とするのは、財的・人的・知的の三つの資産を合わせた「ファミリーウェルス(富)」全体だ。財的資産として管理・運用するのは、預金や有価証券などの金融資産、不動産といった一般的なものだけではない。絵画やヨット、自家用ジェット機といった、より広範囲の財的資産も対象としている。

ファミリーの人的資産を維持・向上させるために、ファミリーオフィスは、子弟が通う教育機関の選定など、教育方針の立案なども担う。また、一族の行動規範を定めたり、慈善事業や文化貢献事業を通じて、知的資産の蓄積も積極的に進めてゆく。

ファミリーオフィスは、ファンドマネージャーに会計士や弁護士、教育の専門家から美術商まで含めたプロ集団で、第三者的な立場からアドバイスを行う。これによって、円滑な資産管理と事業承継を実現させ、ファミリーがその事業と共に、末永く繁栄できるように導いていくのだという。

アメリカには三千を超えるファミリーオフィスが存在するとされているが、日本ではほとんど活用されていないのが実情だ。もし、薩摩商店がファミリーオフィスを活用していれば、経営の継続と後継者の育成、さらには治郎八が力を注いだ文化貢献事業に至るまで、バランスのとれた事業承継が可能であったかもしれない。

❖ 末期の水はシャトー・マルゴー

一九七六年二月二十四日、薩摩治郎八の告別式が徳島市内で執り行われた。県知事や地元の有力者が列席し、総理大臣の三木武夫や在日フランス大使、瀬戸内寂聴ら著名人からの弔電が多数寄せられた。

末期の水はシャトー・マルゴー。赤いエルメスのネクタイを締め、紺のブレザーコートを着て旅立った治郎八。棺には愛用のダンヒルのパイプとフランスたばこのゴロワーズ、香水、英国製のコウモリ傘などが収められた。

本書の執筆に当たり、治郎八の妻利子さんにお会いすることができた。八十代半ばとは思えないお元気な様子で、今も徳島でパッチワークの先生をされているとのこと。治郎八と最初に向かったパリ行きの船の中で、乗り合わせていたイギリス人から教わったことがきっかけになったという。

治郎八と暮らした日々を振り返り、「おねだりがうまかったですね…」「ふっくらとしていて、働いたことがない手でした」などと、その思い出を楽しげに語る利子さん。治郎八にしてみれば、「昔住んでいた家の居間くらいの大きさだったのでしょう」という建売住宅での生活だったが、本人は愚痴ることなど一切なく、二人で毎日楽しく暮らしていたという。瀬戸内晴美(寂聴)が治郎八をモデルにした小説『ゆきてかえらぬ』の執筆のために来訪するなど文化人の来客も多く、自らも新聞や雑誌にフランスの文化や食についてのエッセイを書き続けていたとのことだった。

三代目に引き継がれる前に閉店してしまった薩摩商店だが、破産ではなく自主的な廃業だったようだ。薩摩家の人々は路頭に迷ったわけではなく、かつての従業員たちの交流も続いたという。治郎八への事業承継はできなかったものの、二代目治兵衛は、経営者としての責任を果たしたのかもしれない。

三代目になるはずだった治郎八が、代わりに成し遂げたことは何か。

「あれだけの栄華の夢を、パリで繰り展げたということは、一つの偉業である。…また、金さえ持ってれば、誰にでもできる芸当というわけでもない。…ゼイタクするというのは、確かに一つの技術であり、天分でもある」。治郎八をモデルにした小説『但馬太郎治伝』の中で、獅子文六はその人生をこう評している。

放蕩息子は数多く存在するが、その多くが「飲む、打つ、買う」といった、単なる浪費で終わる。これに対して治郎八は、文化事業に多くのお金を注ぎ込んだ。画家の藤田嗣治ら多くの芸術家の活動を支援し、心血を注いで建設したパリの日本館は、今も多くの留学生を迎え入れている。薩摩家の莫大な資産は消え去ったが文化は残った。これが二代目治兵衛と治郎八なりの事業承継だったのかもしれない。

＊1　薩摩治兵衛の生年については、一八三一（天保二）年とする説もある

column 3

成金豪遊列伝

お金持ちになるのは容易ではないが、大金を使うのも難しい。

呆れた使い方をした一人が鈴木久五郎（一八七七～一九四三年）だ。久五郎は株式投資で大儲けし、一九〇五（明治三十八）年には、現在の貨幣価値で五百億円とも一千億円ともされる資産を築き上げた。

初めて「成金」と呼ばれた男とされる久五郎。池にビールを満たして金貨を沈め、金魚柄の着物を着せた女性たちに拾わせたり、三十人の芸妓を引き連れて木曾の御嶽山に出かけ、野良衣装を着せて農作業をさせたりした。数千坪の庭園を持つ向島の「花月華壇」という料亭を衝動買いし、豪華な二頭立て馬車を四台も注文するなど散財を続けた。ところが、馬車が届く前に、久五郎は相場に失敗して破産する。長女の淑子は「お正月だというのに電気もガスも止められました」と、その後の困窮生活を振り返っている。

第一次世界大戦による船舶需要を捉えて、莫大な資産を築いた「船成金」の山本唯三郎

（一八七三〜一九二七年）も、不可思議なお金の使い方をした一人だ。

一九一七（大正六）年、唯三郎は自分が「勤勉力行」の人物であることを示すためにと、朝鮮半島に渡って「虎刈り」を敢行した。百五十人からなる「征虎隊」を組織し、虎二頭に豹や猪、鹿など貨車一両分の獲物を持ち帰った唯三郎。帝国ホテルに政治家や実業家らを招いて「虎肉試食会」を催し、メインディッシュとして「咸南虎冷肉煮込み」を振る舞った。ところが、肝心の虎の肉は傷みかけていたのか、臭くて食べられたものではなかったという。

「虎大尽」と呼ばれた唯三郎は、海外で働く日本人の気持ちを引き締めてもらうためにと、越中ふんどし一万本を持って欧米を歴訪したり、芸妓を一杯に乗せた特別列車で京都に繰り出したりした。理解に苦しむ散財を続けた唯三郎だったが、第一次大戦後の反動恐慌に巻き込まれて没落、四万七千坪の自宅や高価な絵巻物なども手放すことになった。母校の同志社大学の図書館「啓明館」の建築費を寄附するなど社会貢献もしたが、朝鮮で討ち取った虎の剥製も併せて寄贈したからか、「虎大尽」の異名ばかりが残る結果となった。

「土地成金」や「IT成金」など、その後も様々な成金が生まれているが、その散財ぶりに眉をひそめる人も多い。お金の使い方とは実に難しいものだ。

Case 12

ポール・ゴーギャン

孤高の天才画家は脱サラに失敗した証券マン

写真: Interfoto/アフロ

❖南の島で迎えた終焉

男の異常に気付いたのは隣人だった。家の外から声をかけても応答がなく、様子を見に中に入ると、男は片足をベッドから垂らし、身動き一つしていなかった。知らせを聞いた牧師が駆けつけたとき、男の体にはかすかな温もりがあった。牧師は大急ぎで人工呼吸を試みた。隣人は男の頭皮を強く噛んだ。古くから伝わる死者を蘇らせる方法だというが、男が目を覚ますことはなかった。

一九〇三年五月八日、男は五十四年の生涯を終えた。場所は南太平洋のマルキーズ（マルケサス）諸島に属するヒバ・オア島、タヒチから一千五百キロほど北東に位置するフランス領の島だ。フランス・パリに生まれ、ペルー、デンマーク、パナマ、タヒチと世界各地を転々とした男が、最後にたどり着いた場所だった。

男の職業は画家であったが、その作品は思うように売れず、貧困と体調不良に苦しんでいた。死の三カ月ほど前、男はパリの代理人に宛てて手紙を書いた。「私の第一次タヒチ滞在中の作品を全部売りたい。どんな値段でも構わないから、どんどん売ってほしいのだ」。自ら傍点を打つほど、事態は切迫していたのである。

男の名前はポール・ゴーギャン（Paul Gauguin）、誰もが知る後期印象派を代表する画家だ。偉大な芸術家が、貧困の中で死を迎えることは珍しくない。生前は全く評価されず、金銭感覚もルーズでその日暮らし、やがて健康を害し、孤独と貧困の中で非業の死を遂げる。

ところが、ゴーギャンは違っていた。画家になる前、ゴーギャンはビジネスの世界で大成功を収めていたのだ。パリで株式の仲買人をしていたゴーギャンには、人も羨む高収入があり、美しい妻と五人の子供があり、立派な屋敷での豊かな生活があった。鋭い美的感性の持ち主だったゴーギャンは、美術品の収集でも財産を築いていた。ルノワールやセザンヌ、マネといった印象派の画家たちの価値をいち早く見抜き、人気が出る前に買い集めていたのだ。株式の仲買人らしく、数字に強くて冷静沈着、物事を合理的に判断する理性の持ち主であった。

ゴーギャンが株式の仲買人を辞めて、画家になることを決意したのは三十四歳のときだった。これをきっかけに、生活は大きく変わる。収入は激減し、妻には愛想を尽かされ、パリから遠く離れた南太平洋の島で、誰にも看取られずに生涯を終えるのである。

裕福な生活を送っていたゴーギャンは、なぜ画家に転身したのか。合理的だったはずだった男は、どこで計算を間違えたのか。天才画家ゴーギャンは、なぜ一文無しで生涯を終えることになったのだろう。

❖ビジネスエリートの誕生

ゴーギャンの漂流人生は、生まれた直後から始まった。ゴーギャンが一八四八年六月七日に生まれたとき、パリは二月革命直後の混乱の最中にあった。その年の十二月、ルイ・ナポレオン(後のナポレオン三世)が政権を掌握すると、一家は翌年にペルーに亡命する。父親のクロヴィスは共和派の機関紙「ナショナル」の記者で、ルイ・ナポレオンが共和派の粛清を始めたことに危機感を抱き、妻の遠い親戚を頼ってペルーへ向かったのだ。

ところが、航海の途中でクロヴィスは急死してしまう。父親を失ったゴーギャンは、首都リマで母親と姉と暮らし始め、フランスに戻ったのは七歳のときだった。そして、十七歳になったゴーギャンは、船乗りになりたいと突然言い出す。そして、母親の反対を押し切って、フランス北部の港町ル・アーブルに向かったのだった。

幼い頃に過ごした南米への憧れがあったのか、ゴーギャンは一八六五年十二月、ル・アーブルからブラジル・リオデジャネイロに向かうルチアナ号の見習い水夫となった。翌年十月にはチリー号という帆船に乗り込み、世界一周の航海に出る。水夫や操舵手として経験を積んだゴーギャンは、一八六八年一月、十九歳でフランス海軍に入隊。合計六年間に及んだ船乗りの生活で、ゴーギャンは南米からインド、スカンジナビアなど世界の海を駆け回り、たくましい海の男へと成長していく。

二十二歳で海軍を除隊されてパリに戻ったゴーギャンは、「ベルタン商会」という証券会社に就職する。ベルタン商会での仕事は、顧客に株式や債券を売る仲買人（ブローカー）だった。海の荒くれ者から一転、山高帽を被り高級なスーツに身を包んだゴーギャンは、未知の分野であった証券業界に飛び込んでいく。

芸術家といえば創作活動にしか興味を持たず、経済観念の欠如した人物と思われがちだ。ところがゴーギャンは数字に強く、几帳面で論理的だった。後に画家のヴィンセント・ファン・ゴッホと共同生活を送った際、そのいい加減さに業を煮やしたゴーギャンは、自ら家計簿を作ってお金の管理をしたという。こうした能力は株価や決算などといった、数字が重要な役割を持つ仲買人の仕事に役立ったに違いない。

当時のフランス経済がバブルの様相を呈していたことも手伝って、ゴーギャンは株式の仲買人として大きな成功を収めた。ゴーギャンの月収は二百フランで、これ以外に年額報酬として三千フランが加わったという。年収にすれば五千四百フランとなる。当時の労働者の平均月収は九十フラン程度、年収にすれば一千八十フランで、ゴーギャンは二十代前半でその五倍も稼いでいたことになる。

ベルタン商会で働くようになってから二年、すっかりビジネスエリートとなったゴーギャンの前に美しい女性が現れる。メット・ソフィ・ガット、コペンハーゲンからやってきたデンマーク人だ。二人は瞬く間に恋に落ち、一八七三年十一月二十二日に結婚する。二人はパリ中心部のアパートに新居を構え、程なく長男が生まれた。「すばらしく可愛い赤ん坊です——父母がそう思うだけでなく、皆がそういうのです。白鳥のように真白で、ヘラクレスのように丈夫です」と、メットの母親に手紙を書いたゴーギャン。二人の結婚生活は、素晴らしいスタートを切ったのだった。

❖ 日曜画家ゴーギャン

株式の仲買人として働いていたゴーギャンが、仕事の合間に始めたのが絵を描くことだった。手始めに妻や子供たちのスケッチを始めたゴーギャンは、やがて「アカデミー・コラロッシ」で、プロのモデルを描くようになる。「アカデミー」と名乗ってはいるが、お金を払えば誰でも入ることができる「絵画研究会」のようなものだった。日曜画家たちが集まり、互いの絵を評価し合ったり、美術界の動向などを語り合ったりする場だったのだ。

ゴーギャンをアカデミー・コラロッシに誘ったのは、エミール・シュフネッケルというベルタン商会の同僚だ。ゴーギャンより三歳年下だったシュフネッケルだが、すでに十年近く絵画修業をしていて、パリ市主催の美術コンクールで入賞するほどの腕前だった。画家になることを夢見ていたシュフネッケルに感化されて、ゴーギャンは一緒にルーヴル美術館で模写をしたり、展覧会を見に行ったりするようになる。アカデミー・コラロッシで絵を描き始めたゴーギャンは、シュフネッケルが驚くほど、絵画制作にのめり込んでいった。

この頃からゴーギャンは、同時代の画家たちの作品を購入し始めた。

絵画の本質を見抜く鋭い目を持っていたゴーギャン。その革新的な作風から、保守的な画家や批評家から酷評されていたモネやセザンヌ、ピサロなどの作品を、ゴーギャンは評価が高まる前に手に入れていた。

ゴーギャンにとって、絵画は投資の対象でもあった。将来性のある会社を見つけ出し、株価が低いうちに株式を購入して大儲けする。同じことを絵画でも行うことで、ゴーギャンの印象派絵画コレクションは、やがて大きな資産価値を持つようになる。

一八七六年、ゴーギャンは画家としての栄誉を手にした。サロンに入選したのである。サロンはフランス王立絵画彫刻アカデミーが主催する「官展」で、プロの画家の登竜門になっていた。その審査は厳しく、プロを目指す画家たちがなかなか入選できない中、ゴーギャンはたった一度の応募で入選してしまう。一八八〇年には、時代の最先端を走る「印象派展」にも絵画七点を出品したゴーギャンは、日曜画家の枠を超えようとしていたのだ。

ゴーギャンは現代の「ヒルズ族」のような存在だった。ビジネスに成功して大金持ちになり、高級タワーマンションに住んで、オークションで高額の美術品を競り落として話題になる。趣味の絵画制作もプロ級で、美しい妻と子供たちに囲まれた生活は、誰もが羨むものであったに違いない。

絵画の世界にのめり込んでいく夫を、妻のメットは理解できずにいた。しかし、株式の仲買人の仕事をしっかりとこなし、十分過ぎる収入をもたらしてくれる。子供たちにも優しく父親としても及第点で、文句の付けようがなかったのだ。

「画家の家の室内、パリ、カルセル街」(一八八一年作)で、ゴーギャンは自宅を描いている。画面手前には美しい花で飾られた食卓が、その奥にはピアノを弾くメットとそれを見つめるゴーギャンが描かれている。二人の豊かな生活を物語るはずの一枚だが、明るく華やかな色調の食卓とは対照的に、メットの表情は固く、ゴーギャンの後ろ姿はどこか寂しそうに見える。

ゴーギャンには予感があったのだろうか。この絵が描かれてから二年後、ゴーギャンとメットの関係は崩壊しはじめるのである。

❖画家ゴーギャンの悲劇

順風満帆だったゴーギャンの人生は、株式の仲買人を辞めたことで一転する。一八八二年、株式市場のバブルが崩壊したことで、証券業界が大打撃を受け、ゴーギャンの収入は激減した。ゴーギャンが自ら退職を願い出たのか、クビを言い渡されたのかは判然としない。いずれにしても、一八八三年一月にゴーギャンは株式の仲買人を辞め、妻のメットにそのことを伝えた。ゴーギャン三十四歳の決断だった。

突然の報告にメットは動揺する。一家を支えてきた唯一の収入源が失われるのだ。これからどうするつもりなのか、という妻の問いに、「いよいよ画家になるのさ、これからは自由に絵が描けるぞ」と言ったという。

妻の問いは「何になるか」ではなく、「どうやって収入を確保するのか」という意味だったに違いない。もちろんゴーギャンは、絵を売って生活費を稼ぐつもりだった。プロの登竜門であるサロンにも入選しているし、時代の最先端を走る印象派展にも出品している。これまでの蓄えもあり、買い集めた印象派絵画のコレクションもあった。株式の仲買人の仕事がなくなっても、慌てる必要はないと思ったのではないだろうか。

しかし、現実は厳しかった。「毎日が日曜日」となったゴーギャンは、制作に没頭したものの、作品は全く売れなかったのだ。維持費がかさむことから、ゴーギャンはパリの家を引き払い、セーヌ川下流の町ルーアンに転居する。「都落ち」となることにメットは失望したが、どうすることもできなかった。

ルーアンに転居して間もなく、五人目の子供が生まれた。郊外に画架を立てて、数多くの風景画を描いたゴーギャンだが、作品は相変わらず売れない。不安に駆られたメットは、生まれ故郷のデンマーク・コペンハーゲンで暮らすことを決意する。実家がある上に、パリで磨いたフランス語を教えることで、生活を支えられると考えたのだ。

ゴーギャンもコペンハーゲンでの生活に期待を寄せていた。スカンジナビアの国々では、パリからやや遅れて印象派絵画が流行の兆しを見せていた。印象派展に出品した実績を持つゴーギャンは、ここでなら絵が売れると考えたのだ。

しかし、ゴーギャンの期待は打ち砕かれた。コペンハーゲンで個展を開催してみたものの、パリと同じく全く注目されなかったのだ。ゴーギャンは生活費を稼ぐためにと、フランス製防水布の輸入販売を始めたが、こちらも思うように売れずに頓挫してしまう。呆れた妻のメットは、ゴーギャンを絵画道具ごと屋根裏部屋に押し込み、夫婦は家庭内別居のような状況になっていた。

ゴーギャンは友人のシュフネッケルに、愚痴をこぼす手紙を書いている。「貧乏が彼女をすっかり気難し屋にしてしまった、とりわけ虚栄心においてね。…それで私がすべての非難を被っているってわけさ。もちろん、私の絵のせいだ、私が輝かしい株式仲買人ではないからだ…」(一八八五年五月付書簡)

❖背水の陣でパリへ

一八八五年六月、ゴーギャンは次男クロヴィスだけを連れてパリに戻った。心機一転、「本業」である絵画制作に集中しようと考えたのだ。

しかし、状況は全く変わらなかった。フランス経済は不景気が続いていて、絵画の需要も大きく落ち込んでいた。ゴーギャンの生活は、より一層厳しさを増す。

「近頃は非常に寒い。それで私も、敷布団と掛布団を是非欲しいと思います。いつ私がそれを手に入れられるか全く見当もつきません」(一八八五年十一月末 妻メット宛て書簡)と、妻のメットに救いを求めるゴーギャン。

過酷な生活環境の中で、息子のクロヴィスが天然痘に罹ってしまう。しかし、ポケットには小銭しかなく、食べ物といえばツケで買った乾パンだけ。

切羽詰まったゴーギャンは、日当五フランで駅の広告貼りの仕事を始めた。「私の紳士的風体を見て支配人は笑い出してしまった。しかし、私は病気の子供を抱えているので、どうしても仕事がほしいのだと、熱心に頼みこんだ」(一八八六年四月 メット宛書簡)と、自虐的な報告をするゴーギャン。しかしメットは、夫に仕送りを求め続けるだけで、救いの手を差し伸べることはなかったのだ。

ゴーギャンを悩ませていた問題がもう一つあった。生活費を工面するために、メットがゴーギャンの印象派絵画コレクションを売り始めていたのだ。「何枚絵を売ったかすぐ知らせて下さい。私は、そのために非常に落ち着かないのです。…そのいきおいで売ったら、いつか、私の絵は一枚もなくなってしまうでしょう。そのうち、セザンヌ二枚は、私が最も熱愛しているものです。彼が数日で描きあげたもので、この種のものでは珍しいものです。そして、いつか非常な価値の出るものです」(一八八五年十一月末 メット宛て書簡)と訴えたゴーギャンだったが、メットは絵画を売り続けた。彼女は絵画に興味も思い入れもなく、何より子供たちを育てるための資金が必要だったのだ。

ゴーギャン自身もどうすべきかを理解していた。「私自身の絵を売れるようにする、ということが一番大切なことなのだ」と、同じ手紙の中で、自らを奮い立たせるゴーギャン。

一八八七年四月、ゴーギャンは次男クロヴィスをメットに託すと、画家のシャルル・ラヴァールを伴ってパナマに向かった。建設中のパナマ運河で働きながら、絵画の新しい可能性を求めようというのだ。

「パナマに行って、『野蛮人』として生きるのだ。パナマから一マイル離れたところにある『タボカ』という小さな島を私は知っている。ほとんど無人島で、豊かな自由な島だ。私はそこに絵具と絵筆を持って、誰も人間がいないところで、自分を鍛え直したいのだ」(一八八七年四月 メット宛て書簡)と、決意を示したゴーギャン。

ところが、働き始めた直後に、パナマ運河の工事が停止に追い込まれて、ゴーギャンは「失業」する。稼いだわずかなお金を持って、今度はカリブ海のマルティニーク島へ向かったゴーギャンだったが、ここで赤痢とマラリアに感染してしまう。心身ともに疲れ果てたゴーギャンは、わずか半年ほどでパリに戻ってきたのだった。

しかし、ゴーギャンの放浪生活は終わらなかった。パリから戻って一年ほど経った一八八八年十月、南フランスのアルルでゴッホとの共同生活を始める。ところが、二人の関係はすぐに悪化してしまう。十二月二十三日に、ゴッホが自分の耳を切り落として、娼婦に手渡すという事件を起こしたことで、ゴーギャンはアルルを去った。わずか二カ月の共同生活だった。

❖ 楽園を求めてタヒチへ

ゴーギャンは放浪を続けた。一八九一年四月一日、ゴーギャンは新たな絵画の可能性を求めて、タヒチへと旅立った(第一次タヒチ時代)。新天地タヒチで、ゴーギャンの作風は大きく変わり、後に傑作とされる作品群が生み出されていった。一八九三年八月、いったんフランスに戻ったゴーギャンは、一八九五年七月三日に、再びタヒチに向けて出航する(第二次タヒチ時代)。

しかし、タヒチで制作された絵画も思ったように売れず、収入は途絶え気味であった。足に負った傷が悪化して思うように歩けなくなり、かつて患った梅毒の後遺症や心臓病も加わり、健康状態は日増しに悪化してゆく。金銭的に行き詰まる中、妻とコペンハーゲンで暮らしていた長女アリーヌの死が伝えられた。深く愛していた長女の死に絶望したゴーギャンは、一八九七年十二月に自殺を図る。山に登って大量のヒ素を飲んだのだ。しかし、服毒量が多すぎたために吐いてしまったことで、一命を取り留めることができたのだった。

制作活動を再開したゴーギャンは、一九〇一年九月にタヒチから更に一千五百キロメートル離れたマルキーズ諸島のヒバ・オア島へ移り住んだ。タヒチはすでに文明化してしまっていると感じたゴーギャンは、より原始的な風景を求めたのだった。

ところが、一時は回復していた健康状態が再び悪化し、絵筆を握ることも困難になり、激痛を抑えるための阿片チンキが手放せなくなっていた。しかし、マルキーズ諸島に医師はおらず、唯一の頼みは医学の知識を持っていたヴェルニエという牧師だった。

「往診をお願いしたらご迷惑でしょうか？　視力がすっかり低下してしまいました。私は病気で、もう歩くこともできません」。一九〇三年四月のヴェルニエ牧師宛ての伝言は、ゴーギャンの深刻な病状を物語っていた。

この日からおよそ一カ月後の五月八日、ゴーギャンは息を引き取った。死因は心臓麻痺とされる。しかし、効かなくなった阿片チンキに代わって、痛み止めに使われていたモルヒネの瓶が空になっていたことから、薬物の過剰摂取が原因であるとの指摘もある。『ゴーギャン―芸術・楽園・イヴ』の著者であるフランス文学者の湯原かの子は、「梅毒末期の全身衰弱とモルヒネ中毒が誘因となり、直接的には心臓発作で逝った、と考えるのが妥当だろう」としている。

ゴーギャンの遺品は現地で競売にかけられた。荷車が百六十フラン、ミシンが八十フランで落札される一方で、手帳やデッサン帳などは、最高でも二十フランにしかならなかった。唯一の作品だった「三人のタヒチ女」は、島の役人が落札した。その価格は荷車よりも安い百五十フランだった。

失敗の本質

無理解な妻と妥協できない夫

株式の仲買人を辞めて画家になったゴーギャンは、現代でいうところの「脱サラ」をしたと考えられる。証券会社の「サラリーマン」だったゴーギャンは、ある日突然会社を辞めて、画家として独立・開業したのである。

「自分のやりたいことをしたい」「もっとお金を稼ぎたい」「自由な時間が欲しい」…。脱サラの理由は様々だ。脱サラに成功すれば、自分の思い描く人生を過ごせるようになるかもしれない。人生はたった一度、挑戦せずに終わりたくないという思いが、脱サラを決断させるのである。

しかし、脱サラは大きなリスクを伴うことはいうまでもない。収入は不安定となり、全てが自己責任で、自由時間が逆に減ってしまうことも考えられる。今が脱サラのベストタイミングなのか。本当に夢は実現できるのか。今のままの生活を続け、やりたいことは趣味で続けてもよいのではないのか。

脱サラは本人だけの問題ではない。家族がいる場合、住宅ローンが払えなくなったり、十分な教育費が工面できなくなったりと、大きな苦痛を与える恐れもある。自分一人の思いだけで、脱サラをすることは許されるのか…。現代のビジネスパーソンと同じ悩みを、ゴーギャンも抱えていたに違いない。

中小企業庁のチェックリストに当てはめるなら

ゴーギャンは画家として独立・開業する脱サラの道を選んだ。その結果、家族から見放され、孤独と貧困の中で生涯を終えることになったわけだ。

ゴーギャンの失敗の本質はどこにあったのか。ゴーギャンの脱サラを、現代の基準に当てはめると、どうなるのだろう。

中小企業庁が「夢を実現する創業」という冊子を出している。この中に、「創業者として必要な資質は何ですか？」という、チェックリストが掲載されている。脱サラをしたとしても、創業者として成功できる資質が備わっているかどうかを、確認しておいてほしいというのだ。

項目は全部で六つある。ゴーギャンをこれに当てはめてみよう。

1. 情熱と信念：自分の志のために、「何が何でもやりとげる」という熱い情熱と強い信念を持ち続けること。

――ゴーギャンの場合 ☑

ゴーギャンは画家になるという強い信念を抱いていた。そして、死の間際まで創作活動を続けていた。ゴーギャンは脱サラをして、創業者になる資質を十分に持ち合わせていたといえるだろう。

2. 優れた独創性：その事業の商品又はサービスが、同業者にはない優れた独創性を持っていること。
――ゴーギャンの場合 ☑

ゴーギャンの絵画は、同時代を生きたモネやセザンヌらに劣ることのない独創性を持っていた。そして、時代の最先端を走る印象派展に出品して好評価を得るなど、その実力は折り紙付きであった。

3. 事業の経験：その事業に関して、十分な経験を身につけること。
――ゴーギャンの場合 ☑

ゴーギャンはプロの画家の登竜門であるサロンに入選を果たし、印象派展にも出品していた。日曜画家の枠を超え、画家としての十分な経験を積んできたといえるだろう。

4. 幅広い人脈：創業時に多くの人脈があり、創業後はそれを拡大できること。
――ゴーギャンの場合 ☑

印象派展に深く関与していたことなどから、ゴーギャンはピサロやマネなど、時代の先端を走る画家たちと知り合い、多くの刺激を受けていた。また、ゴッホの弟で画商をしていたテオなど、複数の画商と取引をしていて人脈も豊富であった。さらに、ベルタン商会の同僚で、ゴーギャンをアカデミー・コラロッシに誘ったシュフネッケルなど、ゴーギャンの芸術を理解し、支援する者も少なくなかったのだ。

5. 情報処理能力：事業に関する生きた情報を集め、それを活用できること。
――ゴーギャンの場合 ☑

ゴーギャンは絵画市場の動向に極めて敏感で、画商から情報を集めたり、個展の評判を探ったりしていた。

ゴーギャンは友人のシュフネッケルに、「クロード・モネの評価が高まっているのは大変いいことだ。…昔の値段と今の値段を比べて見たがる投機師たちにはよい実例になるだろう。この点から言うと、モネの絵の三千フランに比べれば、ゴーギャンの四百フランは決して高すぎではない」（一八八八年六月付書簡）と、絵画市場の調査報告のような手紙を描いている。

デビューしてしばらくの間、モネの作品は驚くほどの安値で取引されていた。「印象派」の由来となった代表作「日の出、印象」（一八七二年作）ですら、一八七八年に競売にかけられたとき落札価格は二百十フランに過ぎなかったのだ。自分の作品もいずれモネ並みの高値をつけるようになるので、投機師たちにはお買い得だといいたいのだろう。ゴーギャンは株式市場と同じように、絵画市場の動向をチェックし、自分が描いた作品の価格動向を注視していたのである。

6. 自己資金：創業時も創業後も事業活動において、資金を充分蓄え、ムダな支出を控えること。

――ゴーギャンの場合 ☑

ゴーギャンが画家になる決意をしたとき、株式の仲買人として蓄えていた大きな資金があった。そして、買い集めていた印象派絵画のコレクションもあり、十分な自己資金を持っていたといえるだろう。

脱サラをして創業する際の六条件全てを、ゴーギャンは満たしていると考えられる。優れたビジネスマンであり、計算高く冷静で、十分な蓄えもあったゴーギャン。日曜画家としての助走期間があり、サロンにも入選するなど実績もあった。

ゴーギャンはセーフティーネットすら持っていた。株式の仲買人を辞める際、支配人と向こう一年間は復職できるという条件を確保していたのだ（ゴーギャンはこの約束に頼ることはなかったが…）。

ゴーギャンは絵画を売るための、独自のアイデアも持っていた。画商や顧客から構成される独自の販売システムを構築しようとしていたのだ。ゴーギャンの代理人を務めていたダニエル・モンフレに、こんな提案をしている。

「十五人、あるいは出資金を十五口集める。毎年私は、君が個展で見たような秀作を十五点あらかじめ送付する。この現物と引き替えに、十五人から総計二千四百フランが送られてくる。…わずか年に百六十フランの金で、しかも私の絵が、ある日値上がりするのを見る希望がまさしく可能なのだと信じている」（一八九六年六月付書簡）

これは現代の投資ファンドやクラウドファンディングのような仕組みだ。株式の仲買人だったゴーギャンらしい、絵画の販売方法といえるだろう（これが実現することはなかったが…）。

もしゴーギャンが、中小企業庁を訪れてアドバイスを求めていたら、「準備万端ですね！」と、脱サラに太鼓判を押されていたに違いない。それでも、思うような結果は得られなかった。

ゴーギャンの失敗の本質は他にあったのだ。

失敗の本質①「平凡な主婦の望み」の残酷な一面

妻のメットの無理解がゴーギャンの脱サラを失敗させた要因の一つだ。メットはゴーギャンの芸術活動を支えるどころか、困窮した夫が助けを求めてきても、自らの仕送りを求め続けるだけだった。

そんなメットにゴーギャンは、画家という仕事を理解するように懇願する。

「私の利益が君の利益である事を理解すべきです。…この〈汚らしい絵〉が君の破滅の原因になったことは、私にもよく解る。しかし、いったんそうなったなら、君も、私の立場と将来、そしてそれによって収入を得ようという私の試みを認めるべきです」（一八八二年二月 メット宛て書簡）と、書き送ったゴーギャン。お金が欲しいんだろう、だったら私の絵画制作に協力するしかないではないか…というのである。

それでも、家族を大切にしていたゴーギャンは、何としても金を稼ごうと懸命の努力を続けた。絵が売れないならと、コペンハーゲンにいたときには、防水布の販売に手を染め、パリで駅の広告貼りをするなど、お金のための涙ぐましい努力を続けていたのだ。

パナマに滞在していたときには、最初の給料を受け取る前であるにもかかわらず、「今手許にある百フランを送ります。私は今、あまり欠乏していないし、さしあたり必要ではないのです」（一八八七年十二月 メット宛て書簡）と書き送っている。これに対してのメットは「あなたは、私たちにどんなことがおこっても、何の心配もないようですね。…あなたが、これぽっちも私を勇気づけてくれないということは本当ですよ」（一八八八年六月 ゴーギャン宛書簡）と書き送るなど、不満をぶつけてくるだけだったのだ。

「私が一番苦しいのは、貧困よりも、それにさまたげられて仕事が出来ないことなのです。もし私にまとわりついている貧困をとり除くことさえ出来たら、私は仕事をすることが出来るのです」（一九九二年三月 メット宛て書簡）と嘆くゴーギャン。

ゴーギャン研究家のモーリス・ランスは、「家族を貧困から免れさせるには、辻褄の合わないことに前の職よりもさらに時間を食い、より多くの努力と疲労を必要とする惨めな仕事を引き受けざるを得ない」状況だったと指摘する。

メットにゴーギャンの訃報を伝えたのは、死の直前まで手紙のやりとりをしていた代理人のモンフレだった。

知らせを受けたメットは、遠路の旅行には耐えられないとした上で、「私の子供たちの利益」のことは「すべてあなたの手に委ねるから宜しくお願いする」と返信している。もし、何らかの財産があるのなら確保しておいてほしいという、極めて事務的な手紙だったのである。

ゴーギャンの生き方に深い共鳴を示す日本画家の平山郁夫は、「平凡な信心深い彼女は、ゴーギャンとともに、ある夢に理想に向って困窮に耐えるには、あまりに平凡な幸福を願う主婦であった」とする。その上で、ゴーギャンが送り続けた妻メット宛の手紙について、「ゴーギャンの我儘な自由な行動とは別に、妻に理解を乞い続けた心を打つ優しい心情が溢れて悲しい」と、エッセイに書き記している。

「いつか君は、子供たちの父親として自分がどんな男を選んだのかわかる日が、必ずくるのです。私は、自分の名前に誇りを持っています」(一八九一年

三月 メット宛て書簡）と書き送ったゴーギャン。その言葉に誤りはなかった。しかし、それが分かるのは、ゴーギャンがこの世を去った後のことだったのである。

ゴーギャンは妻のメットに一切の相談をすることなく、画家になるという脱サラの決断をした。その結果、最期までその理解を得ることができなかった。これが失敗の本質の一つであったといえるだろう。

失敗の本質② 譲れなかった芸術家の信念

「自分のやりたいことをしたい」という理由で、脱サラをする人は多い。会社の指示を受けるのではなく、自分の可能性を求めて挑戦する。自分のやりたいことが評価され、ビジネスモデルとして成立するはずだという勝算が、その決断を後押しするのだ。

しかし、現実は厳しい。思ったような成果を上げられず、ビジネスモデルの修正を迫られることも少なくない。ビジネスの成功を求めるだけなら柔軟に対応できるかもしれない。ところが、やりたいことをするための脱サラは、許容範囲が狭くなる。大幅な妥協や軌道修正に踏み切れば、やりたいことができなくなる恐れがある。これでは脱サラした意味がなくなってしまうのだ。

ゴーギャンもこうしたジレンマに苦しむことになる。株式の仲買人を辞めたゴーギャンは、「これからは自由に絵が描けるぞ」と意気込んだが、作品は思うように売れなかった。その実力をもってすれば、人々の求めに応じた「売れる絵」を描くことは容易だったに違いないが、それでは自由に絵を描くことにはならない。

ゴーギャンがパナマに滞在していたときのことだ。連れ立っていた若い画家ラヴァールは、肖像画を描くことで金を稼いでいた。「彼は時々肖像画を描いて相当な金を得ています。ここでは肖像画は大変いい金になるのです。五百フランからですが、注文が多くなれば、ますます高くなります。(競争相手はいません)」と、妻のメットに報告するゴーギャン。

ラヴァールは駆け出しの画家であり、ゴーギャンがその気になれば、肖像画の制作で大儲けできたに違いない。しかしゴーギャンは、「これは彼等の好みに従って特別な方法で醜悪に描かなければならないので、私にはできません」(一八八七年五月 メット宛て書簡)と、パナマ運河の工事現場で、苛酷な肉体労働を続けた。

「私は、この絵というもので金もうけをすることはできないのだ」(一八九七年十月 モンレ宛て書簡)と、ゴーギャンは絵画制作をビジネスにすることを否定する。ところが、脱サラしてプロの画家になったことで、「趣味」であった絵画制作は「ビジネス」になってしまっている。ゴーギャンは大きな矛盾を抱え込んでいたのだ。

自分のやりたいことで脱サラするべきではないという人は多い。自分の夢に固執するあまり、柔軟性を失って失敗してしまう。やりたいことがあるならビジネスにするのではなく、趣味としてやる方が自由にできるというのだ。

しかし、ゴーギャンは日曜画家にとどまることができず、脱サラしてプロの画家になった。ところが、「人々が求める絵を描く」という戦略を拒否し、「自分の描きたい絵を描く」という戦略にこだわり続けた。芸術家の信念を貫き通し、独自の絵画表現を追求した作品が、人々の支持を集めて売れるようになる。ゴーギャンはこの戦略によって、突破口を開こうとしたのである。

その命がけの挑戦は実を結ぶことはなく、貧困と孤独の中で壮絶な最期を遂げた。絵画制作をビジネスとして割り切ることができず、妥協を拒否したゴーギャン。これがもう一つの失敗の本質だったのである。

❖ゴーギャンは敗者だったのか

二〇一五年二月、ゴーギャンのタヒチ時代の作品「いつ結婚するの」(一八九二年作)が、約三億ドル(当時の為替相場で約三百五十五億円)で売買された。二〇一一年に取引されたセザンヌの「カード遊びをする人々」の二億五千九百万ドルを上回り、絵画取引の最高額を更新したのだ。強烈な色彩と大胆な構成、独創的なその絵画世界は、世界中の人々を虜にしてきた。

ゴーギャンがここまで評価されることになったのは、一切の妥協を拒み、芸術家としての信念と貫き通した結果に他ならない。

ゴーギャンと対照的な選択をしたのが、同じく画家を夢見たベルタン商会の同僚シュフネッケルだ。ゴーギャンより先に株式の仲買人を辞めたシュフネッケルは、安定した生活を求めて高校の美術教師になった。サロンに対抗して作られた「アンデパンダン展」に出品するなど絵画制作も続けたが、プロになることはなく、八十三歳の人生を全うする。その作品は日曜画家の枠を超えるものではなく、その存在を知る人はほとんどいないだろう。もし、ゴーギャンもシュフネッケルと同じ道を選んでいたら、今のような評価を得ることは、できなかったのではないだろうか。

「我々はどこから来たのか　我々は何者か　我々はどこへ行くのか」――。ゴーギャンが第二次タヒチ時代の一八九七年に描いた作品だ。百三十九・一×三百七十四・六センチという巨大な画面、その右端には赤ん坊が眠り、中央には若者が果実をもぎ取ろうとし、左端には老婆がうずくまって頭を抱えている。

絵巻物のように人間の一生が描かれている、ゴーギャン畢生の大作だ。

「最後に、人生のあらゆる苦を体験して、諦めの境地に達し死期を待つ一人の老婆が、この絵物語りの結末をつけている」（一八九八年二月　代理人モンフレ宛て書簡）と、作品に込められた思いを語るゴーギャン。老婆の姿はゴーギャン自身だったのかもしれない。
この大作を描いた後、ゴーギャンはヒ素を飲んで自殺を図ったのである（＊1）。

誰でも人生での成功を夢見る。そのために学び、努力を重ね、挑戦し、試行錯誤を繰り返しながら生きてゆく。その結果、成功して巨万の富と名声を得る人がいる一方で、夢破れ、名もなく富もなく人生を終える人も数多い。

ゴーギャンは一文無しで人生を終えた。株式の仲買人としての裕福な生活を捨てて、芸術の世界に身を投じ、妥協を一切することなく挑戦を続けた結果だった。

しかし、ゴーギャンは敗者だったのだろうか。無謀な挑戦をしただけだったのだろうか。ゴーギャンのビジネスモデルは間違いではなく、生前に成果が出なかっただけのことではなかったのか。ゴーギャンが人生を懸け、苦難の末に生み出した作品群は、人類の至宝として輝き続けているのである。

＊1　ゴーギャンが自殺を図った時期は、作品を完成させた後とも、制作の途中ともいわれている

物語の終わりに――

十二人の天才たちの物語はこれで終わる。

物語を書き終えて改めて思うのは、全員が人生を懸命に生き抜いた、真の天才であったということだ。独創的なアイデア、強烈な統率力と傑出した洞察力、揺らぐことのない信念…。そのいずれもが、容易に真似できないものであった。そして天才たちは、不断の努力と挑戦を続け、そして大きな成功をつかむことができたのである。

天才たちの中に、誰一人として「悪人」はいなかった。近代官民汚職の始まりとされた山城屋和助にも、明治日本の貿易を切り開こうという大きな志があった。昭和金融恐慌の元凶のように思われている渡辺治右衛門だが、決して悪意があったわけではない。

天才たちはその最期において、結果を残すことはできなかった。しかし、それは生前に限ってのこと。金子直吉も松本重太郎も事業に失敗したが、築き上げた企業の多くは生き残り、日本経済の中枢を担っている。悲劇的な死を遂げたウェルズだが、人類に麻酔という大きな贈り物を残してくれた。もし、麻酔がなかったら…と考えると、背筋が寒くなってくる。

天才たちは人生の最期で仕事を失い、財産を失い、名声を失った。しかし、彼らは敗者だったのだろうか？そのようには思えない。かけがえのない遺産を残した彼らは、紛れもなく人生の勝者であったと思うのである。

本書の執筆に際しては、金子直三さん、一色誠さんと坪内洋輔さん、天辻元子さん、松本洋さんと松本健さん、薩摩利子さんにお目にかかることができた。物語の主人公と縁ある人たちから直接お話を伺うことで、理解が深まることも多く、大変に貴重な機会となった。この場を借りて、改めて感謝を申し上げたい。また、日経BP社の小野田鶴さんには、共に資料を読み込み、的確な指摘をいただいた。そのサポートなしに、本書を完成させることはできなかっただろう。

十二人の天才たちの物語は、決して過去の遺物ではない。これからも語り継がれるべき、貴重な物語なのだ。読者の方々がこの十二人の物語から、より充実した人生を送るためのヒントを得ていただけたとすれば、これ以上うれしいことはない。

『日商四十年の歩み』(日商編／日商)
『昭和金融恐慌秘話』(大阪朝日新聞経済部編／朝日新聞社)

Case5

『人、それぞれの本懐 ― 生き方の作法』(青山淳平／社会思想社)
『巨大倒産 ―「絶対潰れない会社」を潰した社長たち』(有森隆／さくら舎)
「現代」1981年10月号「内藤国夫ずばりインタビュー」
「文藝春秋」1983年11号「遠藤周作の生きる学校」
「朝日新聞」2004年2月19日
『億単位の男』(半村良著／集英社)
『男の渡る橋―エリートたちの栄光と挫折』(内藤國夫／主婦と生活社)
『夢は大衆にあり―小説・坪内寿夫』(青山淳平著／中央公論新社)
『太陽を、つかむ男―小説坪内寿夫』(高杉良著／角川書店)
『再建王 経営力の秘密 ― 坪内寿夫・大山梅雄・早川種三の全ノウハウ 』(岩堀安三著／PHP研究所)
「朝日新聞」1999年12月29日、同年12月31日

Case6

「季刊 日本主義」2009年春号「近代政官民汚職事件の原点 ― 兵部省用達・山城屋和助事件」(千田稔)
『伊藤痴遊全集 第十巻』(伊藤痴遊著／平凡社)所収「政商 山城和助」
『財界よもやま史話』(木村毅著／筑土社)所収「陸軍汚職事始め」
『明治民衆史を歩く』(井手孫六著／新人物往来社)
「近代企業リサーチ」1985年10月号「マネーに絡む産業裏面史 ― 陸軍の公金雲散 山城屋和助の自殺」(和田進)
「歴史と旅」1992年8月「山縣有朋の犯罪 ― 山城屋和助事件」(飯干晃一)
『江藤南白』(的野半介編／原書房)
「雄弁」1925月10月「維新の風雲児 政商山城屋和助」(薄田天涯)
『商界奇傑 山城屋和助』(松林伯治著／春陽堂)
『財閥の時代 ― 日本型企業の源流をさぐる』(武田晴人著／新曜社)
『日本陸海軍騒動史』(松下芳男著／土屋書店)
「伝記」1936年3月「明治初代の政商 山城屋和助」(蘆川忠雄)
「NHK 知るを楽しむ 歴史に好奇心」2009年2・3月号「明治の疑獄事件 知られざる真相」(千田稔)

Column 1 『火輪の海―松方幸次郎とその時代』(神戸新聞社編／神戸新聞総合出版センター)
Column 2 『チャップリン自伝』(中野好夫訳／新潮社)
Column 3 「歴史読本」2011年1月号「伝説の相場師 鈴木久五郎」(鍋島高明)
『カネが邪魔でしょうがない ― 明治大正・成金列伝』(紀田順一郎著／新潮社)
「同志社時報」118号「同志社人物史90　山本唯三郎」(本井康弘)

参考文献

＊文献の引用において、仮名遣いなどを一部、現代に合わせて改めたところがあります。

Case1

『発明超人 ニコラ・テスラ』(新戸雅章著／筑摩書房)
『知られざる天才 ニコラ・テスラ』(新戸雅章著／平凡社)
「Tesla Memorial Society of New York Website」(http://www.teslasociety.com/)
『The Electric Chair: An Unnatural American History』(Craig Brandon／McFarland)
『科学史の事件簿』(「科学朝日」編／朝日選書)
『イノベーションと企業家精神』(P・F・ドラッカー著、上田惇生訳／ダイヤモンド社)
『アメリカ映画の大教科書〈上〉』(井上一馬著／新潮社)

Case2

『エーテル・デイ ― 麻酔法発明の日』(ジュリー・M・フェンスター著、安原和見訳／文藝春秋)
『世にも奇妙な人体実験の歴史』(トレヴァー・ノートン著、赤根洋子訳／文藝春秋)
『賢く生きるより、辛抱強いバカになれ』(稲盛和夫・山中伸弥著／朝日新聞出版)
『特許戦争 ―"知財立国"日本の生きる道』(段勲著／人間の科学新社)
「日経ビジネス」2012年5月21日号
「下野新聞」2018年1月11日
「医療の挑戦者たち」(https://www.terumo.co.jp/challengers/)

Case3

『黄金 ― ヨハン・アウグスト・サッター将軍の不可思議な物語』(ブレーズ・サンドラール著、生田耕作訳／白水社)
『人類の星の時間』(シュテファン・ツヴァイク著、片山敏彦訳／みすず書房)
『アメリカ型成功者の物語 ― ゴールドラッシュとシリコンバレー』(野口悠紀雄著／新潮社)
『カリフォルニアの黄金 ― ゴールドラッシュ物語』(越智道雄著／朝日新聞社)
『世界史を創ったビジネスモデル』(野口悠紀雄著／新潮選書)
「日本経済新聞」2018年7月25日「やさしい経済学 オープン戦略とクローズ戦略を考える(1)」(立本博文)

Case4

『鼠 ― 鈴木商店焼打ち事件 ―』(城山三郎著／文藝春秋)
「鈴木商店記念館」(http://www.suzukishoten-museum.com/)
『成金炎上』(山岡淳一郎／日経BP社)
『経営に大義あり ― 日本を創った企業家たち』(日本経済新聞社編／日本経済新聞社)
『日本経営史講座3 ― 日本の財閥』(安岡重明責任編集／日本経済新聞社)所収「財閥化の挫折 ― 鈴木商店―」(桂芳男執筆)
『破綻した企業家活動:金子直吉と松方幸次郎』(宇田川勝著／法政大学産業情報センター)
『柳田富士松伝』(白石友治編／金子柳田両翁頌徳会)
『帝人の歩み』(福島克之著／帝人)
『昭和金融恐慌史』(高橋亀吉・森垣淑著／講談社)
「帝国議会 衆議院 予算委員会議録」1927年3月14日

Case10

『気張る男』（城山三郎著／文藝春秋）
「東京朝日新聞」1913年6月21日
「実業之世界」1958年12月号「没落した大阪財界の溢沢といわれた松本重太郎」
「歴史と旅」1999年10月「一代で興亡を体験した実業家 松本重太郎」（祖田浩一）
『ケース・スタディー 日本の企業家群像』（宇田川勝・法政大学イノベーションマネジメント研究センター編／文眞堂）所収「起業勃興を牽引した『冒険的』銀行家 ― 松本重太郎と岩下清周」（黒羽雅子）
『経営に大義あり―日本を創った企業家たち』（日本経済新聞社編／日本経済新聞社）所収「松本重太郎―拡張路線で墓穴を掘った『西の渋沢』」（宮本又郎）
『聞書・わが心の自叙伝』（松本重治、聞き手・加固寛子／講談社）
『近代日本金融史序説』（石井寛治著／東京大学出版会）
『財界一百人』（遠間平一郎／中央評論社）
「実業之日本」1898年4月5日号 所収「安田善次郎を論ず」（岳淵生）
『日本の近代 11 企業家たちの挑戦』（宮本又郎著／中央公論新社）
『双軒松本重太郎翁伝』（松本翁銅像建設会編／松本翁銅像建設会）

Case11

『近江の豪商 薩摩三代記』（古川博康・薩摩利子ほか著／公益財団法人芙蓉会）
『但馬太郎治伝』（獅子文六著／講談社）
「芸術新潮」1998年12月号「パリの放蕩息子 バロン・薩摩物語／蜃気楼を追い続けた男」（鹿島茂）
『蕩尽王、パリをゆく ― 薩摩治郎八伝』（鹿島茂著／新潮社）
『せ・し・ぼん ― わが半生の夢』（薩摩治郎八著／山文社）
「産経新聞」2001年7月12日
「歴史と旅」1996年8月号「けたはずれ大富豪のプレイボーイ人生」（前坂俊之）
『東京織物卸業界百年のあゆみ』（東京織物卸商業組合編／東京織物卸商業組合）
『薩摩治郎八―パリ日本館こそわがいのち』（小林茂著／ミネルヴァ書房）
『「バロン・サツマ」と呼ばれた男―薩摩治郎八とその時代』（村上紀史郎著／藤原書店）
『大正人名辞典』（東洋新報社編／東洋新報社）
「中外商業新報」1909年2月25日
『経済学的思考のセンス―お金がない人を助けるには』（大竹文雄／中央公論新社）
『生涯投資家』（村上世彰著／文芸春秋）
『初めてのスイスプライベートバンク入門』（日経マネー編／日経BP社）

Case12

『最後のゴーガン』（丹治恒次郎著／みすず書房）／『ゴーギャンの手紙』（東珠樹訳・編／美術公論社）
『ゴーギャン ― 芸術・楽園・イヴ』（湯原かの子著／講談社）／『ゴーギャンの世界』（福永武彦著／新潮社）
『未完のゴーガン ― タヒチ以前の生活と思想』（池辺一郎著／みすず書房）
『世界伝記双書 ゴーギャン』（アンリ・ペリュショ、モーリス・ランスほか著、西澤信彌訳／小学館）
「夢を実現する創業」（中小企業庁編集・発行）
『カンヴァス 世界の名画（10）ゴーギャン』（井上靖・高階秀爾編／中央公論社）
『もっと知りたいゴーギャン 生涯と作品』（六人部昭典著／東京美術）／「The Guardian's」2015年2月7日

参考文献

Case7

『ジョン・ローの虚像と実像 ― 18世紀経済思想の再検討』(中川辰洋著/日本経済評論社)
『熱狂、恐慌、崩壊 ― 金融恐慌の歴史』(チャールズ・P・キンドルバーガー著、吉野俊彦・八木甫訳/日本経済新聞出版社)
『ジョン・ローの周辺』(中村英雄著/千倉書房)
『狂気とバブル ― なぜ人は集団になると愚行に走るのか』(チャールズ・マッケイ著、塩野未佳・宮口尚子訳/パンローリング)
「歴史研究」1975年12月「ジョン・ロー略伝」(西村孝夫)
『紙の約束 ― マネー、債務、新世界秩序』(フィリップ・コガン著、松本剛史訳/日本経済新聞出版社)
『21世紀の貨幣論』(フェリックス・マーティン著、遠藤真美訳/東洋経済新報社)
『ジョン・ローの研究』(吉田啓一著/泉文堂)
『マネー その歴史と展開』(ジョン・K・ガルブレイス著、都留重人訳/ TBSブリタニカ)
「日本経済新聞」2012年3月14日「やさしい経済学 危機・先人に学ぶ ジョン・ロー(8)」(北村行伸)
「甲南経済学論集」2015年3月「ジョン・ローの貨幣理論」(古川顕)

Case8

『またで散りゆく―岩本栄之助と中央公会堂』(伊勢田史郎著/編集工房ノア)
『"義侠の相場師"岩本栄之助伝～百寿を迎えた「大阪市中央公会堂」～』(大山勝男著/サグーワークスBOOKS)
「東京朝日新聞」1916年10月24日、1919年3月10日、1916年10月30日
『明治大正実話全集 第5巻 財界興亡実話』(谷孫六著/平凡社)所収「薄命児岩本栄之助」
『警告か勧説か 相場の悲喜劇』(豊田実著/峯文社)
大阪市中央公会堂・公式サイト(https://osaka-chuokokaido.jp/)
『期待と投機の経済分析 ― 「バブル」現象と為替レート』(翁邦雄著/東洋経済新報社)
『バブルの物語―暴落の前に天才がいる』(ジョン・ケネス ガルブレイス著、鈴木哲太郎訳/ダイヤモンド社)
『ファスト&スロー(下)』(ダニエル・カーネマン著、村井章子訳/早川書房)
『行動経済学の基本がわかる本』(ハワード・S・ダンフォード著/秀和システム)
『ニュートンと贋金づくり―天才科学者が追った世紀の大犯罪』(トマス・レヴェンソン著、寺西のぶ子訳/白揚社)
「THE WALL STREET JOURNAL.日本版」2017年11月9日
『名経営者が、なぜ失敗するのか?』(シドニー フィンケルシュタイン著、酒井 泰介訳・橋口寛監訳/日経BP社)
「東京読売新聞」1995年9月26日
『天才たちの誤算 ―ドキュメントLTCM破綻』(ロジャー・ローウェンスタイン著、東江一紀・瑞穂のりこ訳/日本経済新聞社)

Case9

『野上弥生子全集 第4巻』(野上弥生子著/岩波書店)所収「所有」
『失言恐慌 ―ドキュメント銀行崩壊』(佐高信著/角川書店)
『明治東京畸人伝』(森まゆみ著/新潮社)所収「渡辺治右衛門て誰だ」
「東京朝日新聞」1930年1月5日、1927年3月15日、1929年3月14日
三菱グループホームページ「三菱人物伝」(https://www.mitsubishi.com/j/history/series/)
『証言・私の昭和史 ①昭和初期』(聞き手・三國一朗、テレビ東京編/文藝春秋)
『昭和金融史資料 昭和編』(日本銀行調査局編/大蔵省印刷局) ― 第25巻 所収「渡辺、あかぢ貯蓄両休業銀行預金者救済ニ関スル嘆願」、第24巻 所収「東京渡辺銀行ノ破綻原因及其整理」
「経済研究」(一橋大学経済研究所編) 2001年10月「1927年金融恐慌下の預金取り付け・銀行休業に関する数量分析」(是永隆文、長瀬毅、寺西重郎)
『昭和金融恐慌秘話』(大阪朝日新聞経済部編/朝日新聞社)

玉手義朗（たまて・よしろう）

1958年生まれ。筑波大学社会工学類卒業後、東京銀行（現三菱UFJ銀行）、マニュファクチュラース・ハノーバー銀行（現JPモルガン・チェース銀行）などで、外国為替ディーラーの経験を積む。1992年、TBS(東京放送）入社。経済部デスクや経済キャスターなどを務める傍ら、経済関連の書籍や記事を執筆。TBSを定年退職した後、現在はフリーランスのエコノミスト、メディア評論家として活動。日本の近代西洋建築に造詣が深く、各地に残る名建築を200以上訪問。著書に『円相場の内幕』（集英社）、『経済入門』（共著、ダイヤモンド社）、『見に行ける 西洋建築歴史さんぽ』（世界文化社）

あの天才がなぜ転落

伝説の12人に学ぶ「失敗の本質」

2019年 4月 22日　初版第1刷発行

著　者	玉手義朗
発行者	伊藤暢人
発　行	日経BP社
発　売	日経BPマーケティング 〒105-8308 東京都港区虎ノ門4-3-12
装　丁	小口翔平（tobufune）
本文デザイン・制作	高橋一恵（エステム）
校　閲	山岡則夫 聚珍社
編　集	小野田鶴（日経トップリーダー）
印刷・製本	大日本印刷株式会社

Printed in Japan　ISBN978-4-296-10249-5